Bärbel Faschingbauer

Kita-Garten kreativ

Naturaktionen, Gärtner- und Gestaltungsideen

Ökotopia Verlag, Münster

Danke!

Danke an die Kinder und das Team vom Haus für Kinder in Sulzfeld am Main, die ihre Gartenschatzkammer für viele Projektbeispiele geöffnet haben, besonders an Alexandra Pfennig und Simone Geiling.

Vielen Dank auch an Edgar, Max, Miriam und Till, die sich immer bereitwillig beim Gärtnern und Gestalten fotografieren lassen. Nicht zuletzt gebührt Carla Hauptmann ein großer Dank für viele Fotos, die sie während der Aktionen und Projekte gemacht hat.

Impressum

Autorin Bärbel Faschingbauer

Fotos Bärbel Faschingbauer, Carla Hauptmann

Covergestaltung PERCEPTO mediengestaltung

Satz und Layout design + co, Tina Meffert

ISBN 978-3-86702-349-8

1. Auflage

© 2016 Ökotopia Verlag, Münster

Sicherheitshinweis: Die Inhalte wurden sorgfältig erarbeitet und geprüft, dennoch erfolgen alle Angaben ohne Gewähr. Der Verlag und die Autorin übernehmen keine Haftung für Sach-, Personen- oder Vermögensschäden, die aus den Informationen im Buch resultieren.

Inhalt

Vorwort 4

Frühlingserwachen 6
Frühlingsschätze entdecken 7
Frühlingsgärtnerei 16
Frühlingsgäste im Garten 35

Sommerzauber 36
Sommerschätze entdecken 37
Sommergärtnerei 48
Sommergäste im Garten 62

Herbstleuchten 62
Herbstschätze entdecken 63
Herbstgärtnerei 75
Herbstgäste im Garten 85

Wintergeheimnisse 86
Winterschätze entdecken 87
Wintergärtnerei 96
Wintergäste im Garten 102

Anhang
Die Autorin 105
Wer verträgt sich mit wem? 106
Aussäen und pflanzen 107
Register 108

Vorwort

Vorwort

Gärten sind Schatzkammern. Sie bergen zu jeder Jahreszeit und bei jedem Wetter eine Fülle an spannenden Dingen, die zum Entdecken, Forschen, Gärtnern und kreativen Beschäftigen einladen. Ganz gleich, wie die Außenbereiche von Kindertagesstätten und Kindergärten angelegt sind, sie bieten schier unerschöpfliche Möglichkeiten, sich Monat für Monat mit neuen jahreszeitlichen Höhepunkten auseinanderzusetzen. Dabei braucht es manchmal gar keinen großen eigenen Garten, um all die Schätze zu heben, die draußen auf die Kinder warten. Auch blühende Wegränder, Bäume und Hecken in der Umgebung und selbst verwilderte Ecken rund um die Einrichtung laden dazu ein, sich näher damit zu beschäftigen.

Wo der Garten zum Gärtnern genutzt werden soll, sind ein paar Zutaten mehr notwendig. Doch wer weiß schon, wann welches Gemüse gepflanzt wird, wann der beste Zeitpunkt dafür ist, Kräuter zu ernten oder warum Regenwürmer keinen Regen mögen? Das Buch bietet für kleine und größere Gärtnerecken gleichermaßen Ideen an, die schnell und einfach umzusetzen sind. Es verbindet gärtnerisches Wissen mit Tipps und Ideen, Dinge von draußen kreativ zu verarbeiten und alltägliche Fundstücke vom Wegesrand, aus dem Garten oder dem Außengelände aufzunehmen und in der Wahrnehmung zu verankern.

Für die gärtnerischen Aktionen ist eine kleine Grundausstattung an Gartengeräten wie Gartenscheren, Hacken, Rechen, Gießkannen und Blumentöpfe in verschiedenen Größen notwendig. Sollen Beete angelegt werden, sind ein sonniger Platz und gute nährstoffreiche Erde die beste Voraussetzung dafür, dass es erfolgreich wächst und gedeiht. Einrichtungen, die ihre grünen Daumen erst einmal in kleinen Schritten ausbilden möchten, finden aber auch genügend Ideen zum Topf- und Kistengärtnern.

Die Aufteilung in die Jahreszeiten orientiert sich nicht an festgelegten Zeitpunkten. Frühling, Sommer, Herbst und Winter sind nicht immer pünktlich, deshalb sind manche Aktivitäten je nach Witterung etwas früher oder später möglich als beschrieben. In jedem Fall laden die Schatzkammern Garten und Natur zum bewussten Wahrnehmen der jahreszeitlichen Höhepunkte und zum kreativen Arbeiten mit all ihren Schätzen und Fundstücken ein.

Viel Spaß dabei!

Bärbel Faschingbauer

Frühlingserwachen

Frühlingsschätze entdecken

Die Luft ist weich, die ersten Sonnenstrahlen kitzeln die Haut, der Morgen beginnt mit einem Vogelkonzert und an den Bäumen und Sträuchern werden die Knospen dicker und dicker. Wenn sich die ersten Blüten öffnen, kommen nach den langen Wintermonaten wieder Farben zum Vorschein und das bedeutet: Der Frühling ist da. Und mit ihm eine Fülle an spannenden und bunten Schätzen, die es draußen zu entdecken gibt.

Im Kalender steht der 20. oder 21. März für den Frühlingsanfang. Er markiert die Tagundnachtgleiche, denn zu diesem Zeitpunkt ist es zwölf Stunden hell und genauso lange dunkel. In den kommenden Wochen geht die Sonne nun jeden Tag etwas früher auf und etwas später unter. So geht das bis zum Sommeranfang im Juni, wenn die Nächte nur noch kurz sind.

In der Natur beginnt der Frühling schon früher. Dafür schickt sie zuverlässige Boten, die verkünden, dass eine neue Jahreszeit vor der Tür steht. Winterlinge und Schneeglöckchen wagen sich sogar dann schon ans Licht, wenn es noch richtig kalt ist. Bald folgen Scharbockskraut, Veilchen, Blausternchen und Buschwindröschen. Auf der Wiese, unter Gebüschen, am Wegrand und im Garten öffnen sich bis in den April hinein von Woche zu Woche neue Frühlingsblumen.

Auch die Bäume und Sträucher verändern sich. Wenn es wärmer wird, streifen sie sich ein neues Kleid über und öffnen ihre Blüten. Und es gibt allerhand zu hören: Die Luft ist erfüllt vom Brummen und Summen der Insekten, die eilig von Blüte zu Blüte schwirren. Eine gute Gelegenheit, an sonnigen Tagen nach draußen zu gehen und sie dabei zu beobachten. Bestimmt gibt es dann auch die ersten Schmetterlinge zu sehen.

Den Frühling aufwecken

Februar bis März

Material
- Gartenschere, Messer
- Zweige von Bäumen oder Sträuchern
- Vase oder Gefäß mit Wasser
- bunte Bänder, Wollfäden, Bast, Krepp o. Ä.

Wenn es draußen noch kahl und grau ist, haben Bäume und Sträucher ihre Knospen noch fest verpackt am Zweig sitzen. Deshalb ist es ganz schön, sich den Frühling nach drinnen zu holen und ihn dort aufzuwecken. Denn im warmen Zimmer beginnen auch Gehölze schnell damit, ihre Blüten und Blätter zu entfalten.

Besonders gut eignen sich: Obstbaumzweige wie Kirschen, Zwetschgen, Äpfel u. Ä. Auch Feldgehölze wie Kornelkirschen, Weiden, Schlehen und viele andere sind mit ihren hübschen Blüten kurz vor dem Aufwachen.

Die Kinder schneiden die Zweige mit Hilfe der Spielleitung in der gewünschten Länge mit der Gartenschere ab. Dabei achten sie darauf, möglichst keine Aststummel am Gehölz stehen zu lassen, sondern am besten an einer Gabelung oder oberhalb einer Knospe zu schneiden.

Die Spielleitung schneidet die Enden der Stiele mit dem Messer mit einem langen, schrägen Schnitt an und entfernt alle Seitentriebe, die ins Wasser reichen könnten. Die Kinder schmücken ihren Zweig mit bunten Bändern und stellen ihn ins Wasser. An einem hellen Platz, zum Beispiel auf der Fensterbank, beobachten sie nun täglich, wie sich die Knospen verändern. Schon nach ein paar Tagen öffnen sich die Blüten und lassen den Frühling im Zimmer erwachen. Das ist ein guter Zeitpunkt, ein Frühlings-Begrüßungs-Fest zu feiern.

Tipps: 🍀 Von Zeit zu Zeit muss das Wasser gewechselt werden, sonst beginnt es unangenehm zu riechen. 🍀 Mit Zweigen von verschiedenen Gehölzen lässt sich schön beobachten, wie unterschiedlich sowohl die Knospen als auch die Blüten aussehen.

WEIDE

KIRSCHE

Schmuckes von der Wiese

Gänseblümchen gehören zu den ersten Blumen, die fast auf jeder Wiese blühen. Sogar im Winter tauchen sie vereinzelt auf. Sobald die Sonne wärmer scheint, bilden sich auch noch Teppiche von leuchtend gelben Löwenzahnblüten in den Wiesen und Grünflächen. All diese Blüten, die in Massen auftreten, eignen sich ganz wunderbar, Ringe und Ketten daraus zu basteln und die Kinder damit zu schmücken.

MÄRZ BIS APRIL

MATERIAL
- Löwenzahn oder Gänseblümchen

Kette oder Kranz

Die Kinder pflücken die Blumen mit fingerlangem und kräftigem Stiel. In die Stiele der Blumen machen sie unterhalb der Blüte mit dem Fingernagel einen kleinen Schlitz und fädeln einen neuen Blumenstängel durch. Auch diesen Stängel ritzen sie ein und ziehen wieder einen Stiel durch. Auf diese Weise reihen sie so viele Blüten aneinander, bis sich die Kette zu einem Ring schließen lässt, der groß genug für ein Hals- oder Kopfkränzchen ist.

Tipp: Ältere Kinder können die Stiele auch flechten. Dafür immer drei Stängel aneinanderlegen und verflechten. Dabei beim kürzesten immer einen neuen Blumenstiel mitfassen.

Fingerring

Für einen Fingerring formen die Kinder aus einer Blume mit kräftigem Blütenstängel einen Ring. Dafür ritzen sie den Stiel knapp unterhalb der Blüte ein und ziehen das Stängelende durch den Schlitz. Zum Anpassen stecken die Kinder ihren Finger durch die entstandene Schlaufe und ziehen das Stielende fest.

Frühling

Wildes Picknick – so schmeckt Frühling

AB APRIL BIS IN DEN SOMMER

MATERIAL

- junge Löwenzahnblätter und -blüten (ältere schmecken bitter)
- Gänseblümchenblüten
- Brot
- Butter
- Quark
- Salz, Pfeffer
- Messer, Gabel
- Brettchen, Unterlage

Löwenzahn und Gänseblümchen sehen nicht nur schön aus, sondern sind sogar essbar. Im Frühling gibt es davon mehr als genug, so bietet sich für die Kinder eine gute Gelegenheit, die Jahreszeit auch zu erschmecken.

Blüten und Blätter gründlich waschen, etwas abtropfen lassen und kleinschneiden. Direkt auf Butterbrote streuen oder mit Quark vermischen, nach Belieben salzen und pfeffern. Schmeckt bei einem Picknick draußen am besten.

Tipp: Dazu eignen sich auch andere Kräuter und Blüten, zum Beispiel Veilchen, Kapuzinerkresse, Borretsch oder auch die Blätter des eher ungeliebten (Un-)Krauts Giersch.

LÖWENZAHN

Variante für Mutige:
Die Kinder probieren die Pflanzen zunächst pur und beschreiben die geschmacklichen Unterschiede.

Wichtig: Blätter und Blüten nur fernab von stark frequentierten Wegen und Straßen sammeln. Nicht vergessen: Die Kinder darauf hinweisen, dass sie nur die Pflanzen essen dürfen, die ausdrücklich vereinbart und gemeinsam gesammelt wurden.

DAZU PASST:

Unbeliebte Unkräuter, S. 52

Warum schließen Blumen ihre Blüten?

Jede Pflanze öffnet und schließt ihre Blüten zu ganz bestimmten Zeiten. Zum Beispiel das Gänseblümchen: Morgens ist es noch geschlossen, erst gegen 10 Uhr vormittags beginnt es, seine Blüte zu öffnen. Der Tag endet für das Gänseblümchen am Abend gegen 18 Uhr – dann faltet es seine Blütenblätter wieder ordentlich zusammen. Nach dieser „inneren Uhr" richten sich alle Gänseblümchen.

Mohn und Wegwarte gehören sogar zu den Frühaufstehern, sie öffnen ihre Blüten schon gegen 5 Uhr morgens. Dagegen ist die Margerite eine Langschläferin, denn vor 9 Uhr morgens bleiben ihre Blütenköpfchen zu. Die Nachtkerze wiederum ist – wie der Name schon sagt – eine richtige Nachteule. Wenn andere Blumen gegen 20 Uhr ihre Köpfchen schon längst geschlossen haben, blüht sie erst richtig auf.

Und auch bei der Länge der Öffnungszeiten gibt es Unterschiede. Die Kürbisblüte hat nur bis 15 Uhr geöffnet, die Seerose schließt gegen 17 Uhr und die Sumpfdotterblume hält bis 21 Uhr durch. Eines aber haben alle gemeinsam: Bei Regen bleiben die Blüten geschlossen. Damit werden die Blütenpollen geschützt. Außerdem sind bei schlechtem Wetter keine Insekten unterwegs, die den Blütenstaub von Blume zu Blume transportieren.

Wozu sind die unterschiedlichen Öffnungszeiten der Blumen gut?

Dies hängt mit den Insekten zusammen. Wenn nämlich nicht alle Blüten zur gleichen Zeit geöffnet sind, dann verteilen sich die Insekten auf der Suche nach Nahrung besser. Denn auch die haben unterschiedliche Vorlieben bei den Blüten. Nicht jedes Insekt mag die gleichen Blumen. Und auch die Zeiten, in denen die Insekten unterwegs sind, unterscheiden sich.

Deshalb haben sich die einzelnen Blumenarten an die Gewohnheiten „ihrer" Insekten angepasst.

Frühling

Blumentöpfe für alle Fälle

Ganzjährig

Material
- Tontöpfe
- Wasser- oder Fingerfarben
- Klarlack
- Pinsel

Blumentöpfe haben eine klare Aufgabe – darin lassen sich Pflanzen kultivieren. Aber es gibt auch noch einige andere Möglichkeiten, die Töpfe zu verwenden. Besonders dann, wenn sie aus Ton sind. Doch ganz gleich, wofür sie benutzt werden, neue Tontöpfe verbringen zur Vorbereitung erst einmal einige Stunden oder eine Nacht in einem Wasserbad, damit sich der Ton mit Feuchtigkeit vollsaugen kann.

So ein Blumentopf muss nicht einfach nur braun sein. Tontöpfe lassen sich gut bemalen und in wunderbare Kunstwerke verwandeln, die der Pflanze im Garten oder auf der Fensterbank eine fantasievolle Behausung verschaffen. Am besten eignen sich dazu Wasser- oder Fingerfarben, die mit Klarlack haltbar gemacht werden. Die Kinder gestalten so ihre eigenen Töpfe, die sie dann für Pflanzen, Aussaaten, Ableger oder für ganz andere Funktionen verwenden können.

Dazu passt:

Vogelfutter aus dem Blumentopf, S. 105

Eine Wohnung für Ohrwürmer

März bis Mai

Blumentöpfe eignen sich perfekt als gemütliche Wohnung für Ohrwürmer. Die kleinen schwarzbraunen Insekten sind nämlich fast unverzichtbare Helfer im Garten, weil sie sich um ungebetene Gäste kümmern. Um Blattläuse zum Beispiel, die Blumen, Gemüse, Obst und Kräuter befallen und innerhalb kürzester Zeit die ganze Gärtnermühe zunichtemachen können. Als Blattlausfresser sind Ohrwürmer da eine gute Hilfe. Die nachtaktiven Tiere schätzen tagsüber verborgene Schlupfwinkel. Den finden sie zum Beispiel in einem strohgefüllten Blumentopf. Wenn eine solche Behausung am Obstbaum hängt, werden die Nützlinge bald einziehen und Blattläuse auf ihren Speisezettel setzen.

Material

- Blumentöpfe aus Ton mit Loch am Boden
- Stroh oder Holzwolle
- reißfeste Schnur
- fingerdicke Holzstöckchen
- Gartenschere, Schere

Die Holzstücke müssen etwa drei bis vier Zentimeter länger als der Durchmesser des Blumentopfes sein, mit der Gartenschere bekommen sie die richtige Länge. Für die Schnüre sind Abschnitte von 40 bis 50 cm sinnvoll, um den Blumentopf gut an Zweigen und Ästen anbinden zu können. Die Kinder binden ein Ende der Schnur in die Mitte des Holzstöckchens. Das andere Ende fädeln sie von innen durch das Loch am Boden des Tontopfes. Nun bekommt der Blumentopf eine kräftige Füllung mit Stroh oder Holzwolle. Damit die auch gut im Inneren fixiert bleibt, ziehen die Kinder die Schnur so weit durch das Loch, bis das Holz auf dem Topfrand aufliegt. Fertig ist die Ohrwurmwohnung, die nun kopfüber aufgehängt wird. Der beste Platz dafür sind die Zweige eines Obstbaumes nah am Stamm. So finden die Ohrwürmer bequem den Weg in ihre neue Behausung, die außerdem noch hübsch aussieht.

Tipp: Um auf Nummer sicher zu gehen, dass die Ohrwürmer auch tatsächlich einziehen, stellen die Kinder die Blumentöpfe schon im März einige Zeit in die Nähe von Reisig- oder Laubhaufen, den typischen Überwinterungsquartieren der Ohrwürmer. Sobald es wärmer wird, finden die Tiere dann bestimmt ganz schnell den Weg in ihr gemütliches neues Zuhause.

Frühling

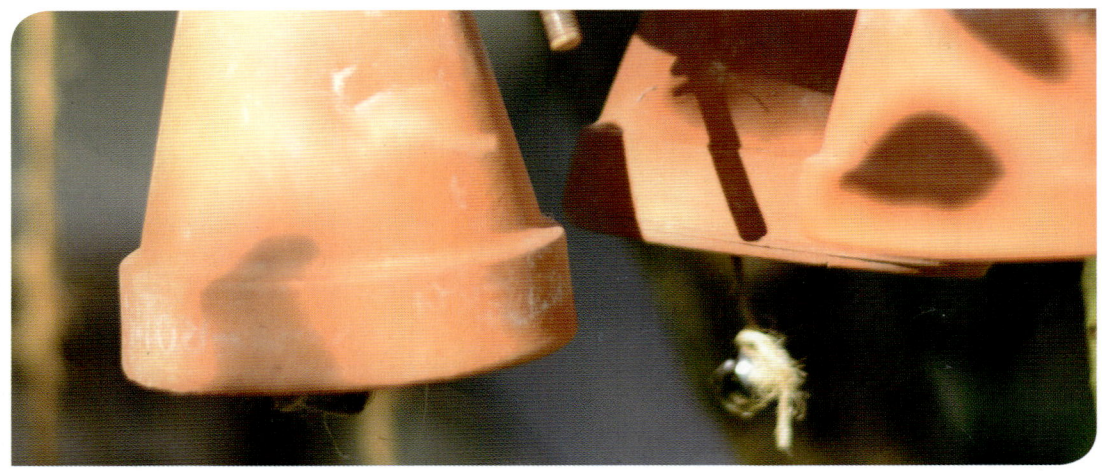

Klingende Blumentöpfe

Frühling bis Herbst

Material
- Blumentöpfe aus Ton (klein bis mittelgroß)
- Schnur
- kleine Holzstöckchen
- Nägel, Schrauben, kleine Steine und sonstige Materialien, die Klänge erzeugen können
- Gartenschere, Schere

Leere Blumentöpfe aus Ton und ein paar Fundstücke von draußen oder aus der Materialkiste – das sind die Zutaten dafür, den Garten zum Klingen zu bringen. Das sieht schön aus und wenn der Wind die Töpfe zwischen den Baumästen in Schwung bringt, entstehen fantastisch-geheimnisvolle Geräusche.

Die Kinder schneiden die Holzstöckchen in kleine Stücke, die jeweils knapp so lang sind, wie der Durchmesser des Topfbodens ist. Daran knoten sie das Ende einer längeren Schnur, die später zum Aufhängen verwendet wird.

Eine zweite Schnur bekommt etwas mehr Länge als der Topf hoch ist. An deren unteres Ende knoten die Kinder einen oder mehrere Steine, Schrauben oder andere Materialien. Das andere Ende befestigen sie so an dem Stöckchen, dass die Materialien sachte an die Topfwand schlagen können. Die Aufhängschnur fädeln die Kinder von innen durch das Loch am Boden des Topfes und befestigen ihre klingende Fracht draußen an den Bäumen.

Fühlpfad to go

Wenn der Frühling die ersten richtig warmen Tage bringt, macht es besonders viel Spaß, Schuhe und Strümpfe auszuziehen. Fühlpfade sind da ein tolles Training für die Koordinations- und Konzentrationsfähigkeit. Aber sie müssen erst einmal gebaut und dann gepflegt werden. Dazu gibt es nicht immer genügend Platz und Zeit. Warum also nicht einen mobilen Pfad anlegen? Mit Materialien, die der Kita-Garten hergibt, ist der Fühl-Spaß schnell und einfach gezaubert und genauso flott wieder aufgeräumt.

Die Kinder sammeln je einen Eimer voller verschiedener Materialien. Auf einem ebenerdigen Untergrund breiten sie den Inhalt als einzelne Felder hintereinander aus, so dass ein Weg entsteht. Die Kinder laufen barfuß über die Materialien, vielleicht sogar mit verbundenen Augen, und ertasten die unterschiedlichen Strukturen mit ihren Füßen.

Tipps: ❀ Bei der Auswahl darauf achten, keine scharf- oder spitzkantigen Materialien zu verwenden. ❀ Wenn Matsch im Spiel ist, dann eventuell am Ende des Pfades einen Wassereimer oder Schlauch und ein Handtuch bereithalten.

FRÜHLING BIS HERBST

MATERIAL

- Sand, Steine, Blätter, Holz, Grasschnitt vom Rasenmähen, Zapfen, Matsch und anderes, was sich rund um die Einrichtung findet
- Gefäße zum Sammeln der Materialien (z.B. Eimer, Körbe)
- Wassereimer oder Schlauch
- Handtuch

Was gibt es wann im Frühlingsgarten zu tun?

Februar / März

Kälteempfindliche Sommerblumen, Kräuter und Gemüse in Töpfen auf der Fensterbank **vorkultivieren**

März

Beete **neu anlegen**

Hochbeete **bauen**

März / April

Unkraut und Pflanzenreste aus Beeten entfernen und **Boden lockern**

Frische Erde im Hochbeet **auffüllen**

Samenkugeln **basteln**

Stauden, mehrjährige Kräuter und Beerensträucher **pflanzen**

April / Mai

Salat **pflanzen**

Sämereien und Jungpflanzen **gießen**

Bei Kälteeinbrüchen mit Vlies **abdecken**

Schmuddelecken in schmucke Ecken **verwandeln**

April

Radieschen, Karotten, Salat draußen **aussäen**

Mitte Mai

Vorgezogene Blumen, Gemüse und Kräuter von der Fensterbank nach draußen **pflanzen**

Tomaten, Zucchini, Kürbis, Gurken draußen **pflanzen**

Einjährige Kletterpflanzen draußen **aussäen**

Mit Kresse malen und schreiben

Um die grünen Daumen in Bewegung zu bringen, ist noch nicht einmal ein Gartenbeet notwendig. Mit Kresse gelingt der Start in das Gartenabenteuer ganz leicht. Denn sie keimt und wächst sogar ohne Erde. Und das in einer rasanten Geschwindigkeit. Da darf auch ruhig die Fantasie sprießen, dann wächst die Kresse zu Mustern, Buchstaben und sogar Zahlen heran.

Vorbereitung: Die Kressesamen in eine Schüssel geben und mit Wasser bedecken. So quellen sie zu einer weichen Masse auf. Vor dem Weiterverarbeiten am nächsten Tag eventuell überschüssiges Wasser abgießen.

Die Kinder legen eine doppelte Lage Küchenkrepp oder eine dünne Schicht Watte auf die Teller und sprühen etwas Wasser darauf. Mit der Hand nimmt sich jedes Kind von den Kressesamen aus der Schüssel und streicht die Masse mit dem Finger auf dem Teller zur gewünschten Form. Das können nach Lust und Laune Figuren, Gesichter, Herzen, Buchstaben, Zahlen oder fantasievolle Muster sein. Wenn die Masse zu fest zum Verstreichen geworden ist, gießen die Kinder noch ein bisschen Wasser in die Schüssel. Nachdem das Muster fertig geformt ist, besprühen die Kinder die Samen mit Wasser.

Die Teller bekommen einen sonnigen Platz auf der Fensterbank und die Kinder sprühen die Samen täglich kräftig mit Wasser ein. Schon am nächsten Tag können sie beobachten, wie die Samen zu keimen beginnen. Nach drei bis vier Tagen erheben sich die Samen auf den Tellern zu dichten grünen Mustern.

Tipps: ❀ Die Samen nicht zu dick auftragen, damit sie gleichmäßig keimen können. ❀ Kresse wächst enorm schnell. Die Kinder können mehrmals am Tag Veränderungen feststellen. ❀ Wenn die Kresse größer ist, können die Kinder auch mit der Gießkanne gießen. ❀ Zum Ernten die Blätter mit der Schere abschneiden. Kresse schmeckt lecker auf Butterbroten oder im Salat. ❀ Vorschulkinder schreiben mit Kresse ihren Namen oder Zahlen, die sie schon kennen, auf einzelne Teller. Die Kleinen formen zum Muttertag ein Kresseherz. ❀ Kresse gibt es offen im Samenfachhandel zu kaufen. 100 g reichen für eine große Kresse-Aktion. Übrige, nicht eingeweichte Samen können trocken gelagert und zu jeder Jahreszeit ausgesät werden.

FRÜHLING (AUCH GANZJÄHRIG)

MATERIAL

- Kressesamen
- Schüssel
- Küchenkrepp oder Watte
- Teller oder ähnliche Unterlage
- Holzstäbchen
- Wasserspritze oder Zerstäuber

DAZU PASST:

Wildes Picknick, S. 10
Ein Osternest, das wächst, S. 18

Frühling

Ein Osternest, das wächst

KURZ VOR OSTERN

Zu Ostern ist die Zeit der wiedererwachenden Natur und der neuen Lebenskraft. Ein guter Grund, auch das Osternest lebendig zu gestalten. Für Frühlingsgartenkinder kein Problem, sie säen sich einfach ein Nest aus Weizen oder Ostergras aus. Da wird der Osterhase bestimmt gerne viele Eier hineinlegen!

MATERIAL

- Samen von Ostergras oder Weizen
- Flache Gefäße mit Rand, z.B. Blumenuntersetzer
- Erde
- Wasserspritze oder Zerstäuber
- Klarsichtfolie
- Haushaltsgummis
- evtl. Ausstechformen

Wichtig: Das Nest braucht vier bis fünf Tage, bis es einsatzbereit ist.

Die Kinder füllen die Gefäße bis knapp unter den Rand mit Erde und drücken sie etwas fest, so dass eine gleichmäßige Oberfläche entsteht. Jedes Kind bekommt Samen in die Hand und verteilt sie gleichmäßig auf der Erde. Die Oberfläche soll mit einer einfachen Lage Grassamen bedeckt sein. Mit dem Zerstäuber sprühen die Kinder Wasser auf die Samen, bis die Erde gut durchfeuchtet ist. Die Gefäße bekommen nun Abdeckungen aus Klarsichtfolie, die mit Gummis über den Rand gespannt werden. Dies wirkt wie ein Mini-Gewächshaus, denn unter der Folie bildet sich schnell Feuchtigkeit und Wärme, und die Grassamen beginnen zu keimen. Schon nach vier bis fünf Tagen auf einer sonnigen Fensterbank sprießen die Halme dicht aus der Erde. Das Osternest ist nun einsatzbereit. Die Osternest-Gartenkinder nehmen die Folie nun ab und gießen täglich etwas Wasser nach.

Vorsicht: Nur so viel gießen, wie die Gräser aufnehmen können. Es darf kein Wasser im Gefäß stehen bleiben.

Variante: Osterhasen säen

In die erdgefüllten Gefäße Ausstechformen setzen und leicht eindrücken. Die Samen entweder nur in der Form oder nur außerhalb der Form ausbringen. Die freigebliebene Fläche können die Kinder zum Osterfest mit Blüten oder Basteleien schmücken.

Tipps: 🍀 Wenn das Gras länger wird, mit der Schere zurückschneiden, dann bleibt es kräftig und grün. 🍀 Statt Ostergras eignet sich natürlich auch Kresse.

DAZU PASST:

Mit Kresse malen und schreiben, S. 17

Ein Beet für die Frühlingsgärtnerei

Beete sind vom Frühling bis zum Winter spannende Orte, die sich von Woche zu Woche verändern. Einmal angelegt, bleiben sie ein fester Bestandteil des Kita-Gartens, der jedes Jahr neue Variationen zulässt. Es gibt zwei Möglichkeiten, Beete anzulegen. Entweder direkt auf dem Boden oder in Hochbeeten.

AB MÄRZ

Das Wichtigste zuerst:

Eine sonnige Ecke ist der richtige Platz, um Salat, Gemüse, Kräuter und Sommerblumen anzubauen. Für den Schatten eignen sich eher bestimmte Spezialisten von Stauden, die mit weniger Licht auskommen.

Der Boden ist das Bett der Pflanzen. Darin müssen sie sich richtig wohlfühlen, denn nur dann entwickeln sie sich kräftig und gesund. Ideal ist ein lehmig-sandiger Boden. Wo die Verhältnisse weniger gut sind, ist eine Verbesserung, zum Beispiel mit Kompost sinnvoll, oder ein Hochbeet eine gute Lösung.

Die Größe der einzelnen Beete richtet sich in erster Linie nach den Maßen der Kinder: ❀ Die optimale Breite ist doppelt so lang wie ein Kinderarm, also etwa 0,80 bis 1,00 Meter. So können die Gartenkinder ihr Beet gut von zwei Seiten bearbeiten. ❀ Die Länge richtet sich ganz danach, wie viel Platz für die Beete und Gartenbegeisterung zur Verfügung stehen.

Um ein Beet neu anzulegen, muss die Fläche zunächst frei von Steinen und Unkraut und der Boden gelockert sein. Mit dem Rechen bekommt das Beet eine möglichst glatte und feinkrümelige Oberfläche. Kompost, der oberflächlich eingearbeitet ist, sorgt für ausreichend Nährstoffe und eine gute Struktur des Bodens.

Zwischen zwei Beeten bleibt ein schmaler Weg von ungefähr 0,30 m. Den trampeln die Kinder entweder mit ihren Füßen gemeinsam fest oder belegen ihn mit Rindenmulch oder Holzbrettern.

Hochbeet zum Abheben

Mit Hochbeeten wandert das Gärtnerbeet ein Stück nach oben. Die Pflanzen wachsen in größeren Holzkästen, die mit Erde gefüllt sind. Eine gute Lösung für Kitas, die nur wenig Platz haben oder wo die Bodenverhältnisse ungünstig sind. Der große Vorteil: Die Kinder erreichen die Pflanzen in einer bequemen Arbeitshöhe und Unkraut macht sich im Hochbeet nicht so leicht breit.

Beet oder Hochbeet?

Stauden, mehrjährige Kräuter oder Obststräucher kommen in einem herkömmlichen Beet gut klar und verzeihen es auch, wenn nicht ständig gegossen wird. Doch für Gemüsepflanzen ist ein Hochbeet ideal, denn der Raum, der intensive Bearbeitung braucht, ist klar begrenzt. Der Aufwand für die regelmäßige Pflege damit überschaubar und die Pflanzen haben die besten Bedingungen, die sie brauchen, damit sie auch reiche Ernte bringen.

Frühlingsgärtnerei

Bauanleitung für ein Hochbeet

Ein Hochbeet zu bauen ist nicht schwierig. Wichtig ist eine ebene Fläche zum Aufstellen, handwerkliches Geschick und eine Grundausstattung an Werkzeug, wie Säge, Bohrer, Akkuschrauber, Wasserwaage usw.

Wenn die Fläche für das Hochbeet markiert ist, heben kräftige Arme den Boden in diesem Bereich spatentief aus. An den Eckpunkten werden die Pfosten direkt in die Erde geschlagen oder alternativ dazu Metallanker gesetzt, die mit den Pfosten verschraubt werden. Damit steht das Gerüst für die Seitenwände. Zuerst jeweils ein Brett auf jeder Seite mit der Wasserwaage ausrichten und an die Pfosten schrauben. Dann die restlichen Bretter bis zur gewünschten Höhe bündig festschrauben. An den Innenwänden wird eine Verkleidung aus Teichfolie festgetackert.

Die Füllung des Hochbeetes besteht aus verschiedenen Materialien. Für ein 50 cm hohes Hochbeet sieht der Aufbau zum Beispiel so aus:

Die unterste 10 cm hohe Lage besteht aus zerkleinerten Ästen und Zweigen. Dann folgt eine 10 cm starke Schicht aus Resten von Stauden, Rasenschnitt und Grassoden. Darauf kommt eine 10 cm dicke Lage Kompost. Die obersten 20 cm, auf der die Pflanzen wurzeln, bestehen aus Pflanzerde oder einem Gemisch aus Gartenerde und Kompost.

Tipps: ❀ Ein Thema für jedes Beet macht es den Kindern leichter, die Pflanzen zu erkennen. ❀ Im Pausenbrot-Beet wachsen zum Beispiel Erdbeeren, Kopfsalat, Kohlrabi und Karotten. ❀ Das Husten-und-Schnupfen-Beet hat Thymian und Salbei im Angebot oder liefert mit Pfefferminze und Zitronenmelisse Material für Tees. ❀ Im Beet der Riesen breiten sich Kürbis oder Zucchini aus und zeigen, dass aus großen Blüten große Früchte entstehen. **Achtung:** Diese Pflanzen brauchen genügend Platz.

MÄRZ/APRIL

MATERIAL

- unbehandelte Holzbretter (möglichst Lärche oder Douglasie)
- Vierkant- oder Rundhölzer als Eckpfosten
- evtl. vier passende Metallanker zum Verankern im Boden
- Teichfolie zum Auskleiden der Innenseiten
- Schrauben, Nägel, Tacker

Höhe: zw. 50 – 70 cm
Breite: zw. 70 – 100 cm
Länge: nach Bedarf

Frühling

APRIL

Ran an die Beete

Im April geht es los. Wenn der Boden etwas erwärmt ist, kommen die ersten Samenkörner und Pflanzen in den Boden. Egal ob im Beet, im Hochbeet oder in Töpfen auf der Fensterbank, die Gartenfinger bekommen nun gut zu tun. Dabei gilt es auch, auf das Wetter zu achten. Damit die Samen im Boden keimen und die Jungpflanzen anwachsen, sollten die Tage langsam ein bisschen wärmer werden. Natürlich ist der Garten nicht vor Wetterkapriolen gefeit, und falls es doch noch einmal frostig werden sollte, decken die Kinder junge Salat- und Gemüsepflänzchen einfach mit einem dünnen Vlies aus dem Gartenmarkt ab.

Einjährig, zweijährig, mehrjährig?

Manche Pflanzen müssen jedes Jahr neu ausgesät werden, andere sind „winterhart". Was bedeutet das?

Einjährige Pflanzen keimen, wachsen und blühen, sterben aber nach dem ersten Frost oder nach der Samenreife ab. Dazu gehören die Sommerblumen, wie zum Beispiel Ringelblumen, Schmuckkörbchen, Wicken oder Löwenmäulchen. Viele davon „versamen" sich, das heißt, ihre Samen überwintern im Boden und treiben im nächsten Frühling neu aus.

Zweijährige Pflanzen entwickeln nach dem Aussäen im ersten Jahr zunächst nur Wurzeln und Blätter, die auch den Winter überstehen. Im darauffolgenden Jahr bilden sie die Blüten und Samen. Dazu gehören zum Beispiel Vergissmeinnicht, Goldlack, Stockrosen oder Bartnelken. Auch sie säen sich oft selbst wieder aus.

Stauden sind **mehrjährige, also winterharte Pflanzen**. Im Winter sterben nur die oberirdischen Teile ab, die Wurzeln überwintern im Boden. Im Frühjahr treiben die Stauden wieder aus und bilden neue Stängel, Blätter und Blüten.

Tipp: 🍀 Stauden lassen sich übrigens gut von Sträuchern unterscheiden, weil sie krautige, weiche Blätter und Stiele haben. Die Sträucher haben dagegen harte, holzige Zweige und Äste.

Kleines Samenkorn – große Ernte

Auf den Samenpackungen steht jeweils, wann der beste Aussaattermin ist, welche Abstände zwischen den Saatreihen und den einzelnen Samen notwendig sind und wie tief sie in den Boden kommen müssen.

Gut eignen sich zum Beispiel: Radieschen, Karotten, Dill oder Petersilie und natürlich auch viele andere Sämereien – ganz nach Vorliebe und Geschmack!

Auf den vorbereiteten Beeten glätten die Kinder den Boden mit der Hand oder mit dem Rechen zu einer ebenmäßigen Oberfläche. Für die Saatreihen ziehen sie mit dem Finger oder dem Stiel des umgedrehten Rechens Rillen in den Boden. Damit die Samen einigermaßen gleichmäßig in die Erde kommen, gibt die Spielleitung den Kindern die Samenkörner in die Hand, die sie vorsichtig einzeln in die Rillen legen. Mit dem Finger schieben die Kinder die Erde neben den Rillen über die Samenkörner und klopfen den Boden etwas fest. Damit die Körnchen nicht weggeschwemmt werden, verwenden die Kinder zum Angießen eine Gießkanne mit Brausekopf und durchfeuchten die Erde gründlich damit. Von nun an darf die Erde nicht mehr austrocknen, die Kinder kontrollieren regelmäßig, ob sie gießen müssen. Je nach Witterung beginnen die Samen dann bald zu keimen. Wenn manche Pflänzchen zu dicht nebeneinander stehen, knipsen die Kinder einzelne davon ab, damit die anderen genügend Platz haben, sich zu kräftigen Pflanzen zu entwickeln. An das Ende der Saatreihen stecken die Kinder kleine Schilder mit Bildern oder den Namen der Pflanzen.

Tipps: 🍀 Bevor die Samen in die Erde kommen, ist es spannend, mit den Kindern die unterschiedlichen Formen der Samenkörnchen zu entdecken und sie mit den Bildern der Pflanzen auf den Samenpackungen zu vergleichen. 🍀 Für etwas Ungeübte eignen sich Saatbänder sehr gut. Sie sind zwar etwas teurer als offene Samen, aber die Samenkörner sind schon im richtigen Abstand auf einem Band aufgebracht, das die Kinder in die Saatrillen im Boden legen und mit Erde bedecken. 🍀 Die Belegung der Beete wechselt in jedem Jahr.

Material
- Samen von Gemüse und Sommerblumen
- Rechen
- Gießkanne mit Brausekopf
- Schilder mit den Pflanzenbildern oder -namen

Jungpflanzen machen einen schnellen Start

AB ANFANG MAI

MATERIAL
- Jungpflanzen (Gemüse, Kräuter, Sommerblumen)
- Pflanzschaufel
- Gießkanne

Viele Pflanzen gibt es schon als Jungpflanzen vorgezogen in der Gärtnerei zu kaufen. Das ist gerade bei wärmeliebenden oder empfindlicheren Pflanzen, die erst Mitte Mai ins Freie können, etwas erfolgversprechender, zum Beispiel bei Tomaten, Zucchini, Paprika oder Gurken. Auch Salat, Kohlrabi, Sellerie, Lauch und viele Kräuter und Sommerblumen entwickeln sich dann schnell zu kräftigen Pflanzen.

Die Kinder graben mit ihren Händen oder Schaufeln kleine Löcher in den Boden, so groß, dass die Wurzeln oder Ballen der Jungpflanzen gut Platz haben. Salat möchte nicht ganz so tief in den Boden, die kleinen Wurzelballen dürfen ruhig nur bis zur Hälfte im Pflanzloch sitzen. Das verhindert, dass die Blätter faulen. Die Kinder schieben das Loch wieder mit Erde zu und drücken den Boden etwas fest. Wichtig ist jetzt das Angießen. Bei den Jungpflanzen verwenden die Kinder nicht den Brausekopf, sondern bringen das Wasser seitlich an die Pflanze aus. Je nach Witterung werden sich die Pflanzen jetzt rasant entwickeln. Die Fortschritte sind von Woche zu Woche, manchmal sogar täglich sichtbar. Die Frühlingsgartenkinder müssen dafür aber ein gutes Auge auf die Pflege haben. Besonders am Anfang brauchen die jungen Pflanzen regelmäßig Wasser, damit sie gesund heranwachsen. Am besten kontrollieren die Kinder alle ein bis zwei Tage, ob der Boden noch feucht ist. Vor dem Wochenende gießen sie etwas kräftiger.

Tipps: ❃ Was wann ausgesät oder gepflanzt wird und wer sich mit wem verträgt, ist in den Tabellen im Anhang aufgeführt. ❃ Damit sich die Pflanzen gut entwickeln, brauchen sie auch Nährstoffe. Die liefert eine gute Pflanzerde oder eine dünne Schicht Kompost, die oberflächlich in den Boden eingearbeitet wird. ❃ Ob und wie viel gegossen werden muss, hängt stark vom Wetter ab. Deshalb beobachten die Kinder das Wettergeschehen aufmerksam und bringen es mit der Pflege ihrer Pflanzen in Zusammenhang. Vielleicht führen sie ja sogar ein Wettertagebuch.

Wer oder was sind die Eisheiligen?

Die Eisheiligen kennt jede Gärtnerei, denn das sind Heilige, denen die Tage im Kirchenjahr zwischen dem 12. und dem 15. Mai gewidmet sind.

Der 12. Mai dem heiligen Pankratius, der 13. Mai dem heiligen Servatius, der 14. Mai dem heiligen Bonifatius und der 15. Mai ist der heiligen Sophia zugedacht – besser bekannt als die „Kalte Sophie".

Was das mit dem Gärtnern zu tun hat?

Aus den Wetterbeobachtungen weiß man schon seit Jahrhunderten, dass Kälteeinbrüche Mitte Mai nicht ungewöhnlich sind. Um diese Zeit, also um die Gedenktage dieser Heiligen, kann es sogar noch zu eisigen Nachtfrösten kommen. Deshalb nennt man sie die „Eisheiligen".

Die Gärtnereien warten diesen Zeitraum noch ab und bringen ihre Sommerblumen, Kübelpflanzen, zarte, junge Gemüsepflanzen und alle die, die keinen Frost vertragen, erst dann ins Freie.

Frühling

Sommer auf der Fensterbank

MÄRZ / APRIL

Manche Pflanzen, die erst nach den Eisheiligen in die Beete kommen, lassen sich ab März/April ganz einfach in Blumentöpfen auf der Fensterbank zu kräftigen Pflanzen ziehen. Einjährige Sommerblumen wie zum Beispiel Zinnien, Löwenmäulchen, Kapuzinerkresse oder Schmuckkörbchen. Oder Kletterpflanzen wie Trichterwinden, Schwarzäugige Susanne, Feuerbohnen und Glockenreben. Auch Tomaten, Kürbis oder Zucchini keimen im Warmen vor. Viele andere natürlich auch. Auf der Samenpackung steht genau, ob die Pflanze diese Vorkultur braucht oder lieber gleich ins Beet gesät wird.

MATERIAL

- Samen von einjährigen Sommerblumen, Kräutern oder Gemüse
- kleine Blumentöpfe
- Klarsichtfolie
- Haushaltsgummis
- Blumenbrause oder -zerstäuber
- Anzuchterde

Die Kinder füllen die Töpfe bis kurz unter den Rand mit Erde und drücken sie mit der Hand etwas fest. In jeden Topf legen sie je nach Pflanzenart drei bis vier Samenkörner (auf die Packungsbeschreibung achten) und bedecken sie mit etwas Erde. Zum durchdringenden Angießen eignet sich jetzt am besten eine Blumenbrause oder ein Zerstäuber. So werden die Samen nicht durcheinander geschwemmt. Damit die Samen nun so schnell wie im Gewächshaus keimen, spannen die Kinder über jeden Topf ein Stück Klarsichtfolie. Ein Gummi rund um den Topfrand sorgt dafür, dass die Folie straff festsitzt. Denn jetzt bildet sich darunter schnell Feuchtigkeit und Wärme, und das ist das ideale Klima, die Samen zum Keimen zu bringen.

Schon nach wenigen Tagen erscheinen die ersten Keimblättchen und bald darauf entwickeln sich kleine Pflänzchen. Dann kann auch die Folie abgenommen werden. Von nun an dürfen die Kinder aber nicht vergessen, regelmäßig zu gießen.

Tipps: ☘ Blumentöpfe gibt es oft gratis in Gärtnereien. ☘ In einem Topf nur gleiche Pflanzenarten aussäen und beschriften, was wo drin ist.

DAZU PASST:

Pflanzen aus Kernen, S. 100

Frühlingsgärtnerei

Ein eigenes Zuhause für jede Pflanze

MITTE MAI

Wenn die Pflanzen bis Mitte Mai kräftig gewachsen sind, wird es ihnen zu eng im Topf. Sie brauchen entweder ein eigenes größeres Gefäß oder einen Platz im Beet. Deswegen ziehen die dicht gewachsenen Keimlinge nun um. In der Gärtnerei heißt das Pikieren.

Für das Pikieren sind besonders behutsame Gärtnerfinger gefragt. Die Kinder lösen die Pflanzen vorsichtig aus dem Topf. Entweder benutzen sie dazu ein Holzstäbchen als Hilfsmittel oder sie nehmen den Topf umgedreht in die Hand, klopfen auf seinen Boden und ziehen vorsichtig den ganzen Ballen heraus. So lassen sich die einzelnen Pflanzen gut voneinander trennen.

Jetzt können die Jungpflanzen ihr neues eigenes Zuhause draußen im Beet oder in einem größeren Topf mit guter Pflanzerde beziehen.

MATERIAL

- vorbereitetes Beet oder 1 Blumentopf pro Pflanze
- evtl. Pflanzerde
- Holzstäbchen

Variante: Jungpflanzenmarkt
Wenn die Gartenkinder zu erfolgreich waren und mehr Pflanzen herangezogen haben, als sie im Garten brauchen können, verkaufen sie die Jungpflanzen beim nächsten Fest – vielleicht sogar in bunt gestalteten Töpfen.

Gut zu wissen:
Blumen- und Pflanzenerden sind mit Torf angereichert. Torf ist ein Naturprodukt, das aus Mooren gewonnen wird. Doch diese besonderen Ökosysteme sind durch den Torfabbau stark bedroht. Beim Kauf von Pflanz- oder Blumenerde deshalb zu torffreien Erden greifen, die auf Basis von Kompost, Rinden oder Holzstücken hergestellt sind. In jedem Fall nur hochwertige Produkte verwenden, denn die Qualität der Erde bestimmt das gesunde Wachsen der Pflanzen und den gärtnerischen Erfolg der Kinder.

DAZU PASST:

Blumentöpfe für alle Fälle, S. 12

Ran an die Beete, S. 22

Tomatenketchup pflanzen, S. 29

Frühling

Gärtnern in der Kiste

APRIL / MAI

Es muss ja nicht gleich eine kleine Gärtnerei sein, die sich im Kita-Garten entwickelt. Zum Gärtnern ist schließlich fast überall Platz. Ganz einfach geht es in Töpfen, Kästen, Kisten und allen ausgedienten Gefäßen aus möglichst unbehandelten Materialien. Wichtig ist nur, dass an der Unterseite Wasser ablaufen kann, denn sonst bekommen die Pflanzen nasse Füße. Das vertragen die wenigsten, deshalb brauchen die Gefäße eine Drainageschicht aus Steinen oder genügend Löcher im Boden. Der Vorteil: Die Gefäße sind mobil und können in den Ferien auch einmal dorthin umziehen, wo sie weiter gepflegt werden.

Die Sonnenkiste

MATERIAL

- Holzkiste (Boden darf nicht geschlossen sein)
- feste Kartonstücke
- Zeitungspapier
- Blumenerde
- Samen von Sonnenblumen oder vorgezogene Jungpflanzen
- Blumendünger

Sonnenblumen sind wunderbar. Sie wachsen zu beeindruckend großen Pflanzen heran, die mit ihren Blüten dem Lauf der Sonne folgen und ihre großen Köpfe immer in Richtung ihrer Namensgeberin strecken. Das geht so schnell, dass die Kinder den Fortschritt täglich messen können. Auch Vögel lieben Sonnenblumen. Denn die Samen, die aus den Blüten entstehen, schmecken nicht nur Gartenkindern. Im Spätsommer picken sich die gefiederten Freunde die Kerne aus den großen Sonnenblumenblüten.

Die Holzkiste bekommt eine Innenverkleidung aus Kartonstücken. Für den Boden genügt eine dicke Schicht Zeitungspapier. Die Kinder füllen die Kiste mit Erde und säen oder pflanzen die Sonnenblumen hinein. Sonnenblumen sind sehr durstig, je größer sie werden, desto wichtiger ist regelmäßiges, kräftiges Gießen. Zum gesunden Wachsen brauchen sie im Sommer außerdem Nährstoffe. Die liefern Biodünger, die es in verschiedenen Formen, zum Beispiel als Düngestäbchen oder Flüssigdünger zum Gießen gibt.

Tipps: 🍀 Die Pflanzen wachsen ziemlich schnell. Die Kinder können ihre eigene Größe jede Woche mit den Sonnenblumen vergleichen. 🍀 Natürlich eignen sich auch alle anderen Pflanzen für Kisten und Gefäße. Schön sind auch Kisten mit verschiedenen Kräutern oder essbaren Blüten, zum Beispiel mit Kapuzinerkresse, Borretsch, Schnittlauch usw.

DAZU PASST:

Geteilte Sonnenfreude, S. 83

Vogelfutter aus dem Blumentopf, S. 105

Frühlingsgärtnerei

Tomatenketchup pflanzen

Klar – Tomatenketchup wächst nicht in der Flasche. Die Tomaten dafür sind aber gar nicht schwer anzubauen. Ein kleines Plätzchen im Freien reicht ihnen schon. Weil sie nicht gerne im Regen stehen, eignen sich Tomatenpflanzen sehr gut für große Töpfe, die einen sonnigen, aber wind- und regengeschützten Platz, zum Beispiel unter dem Dachvorsprung bekommen.

Tomatenpflanzen brauchen eine Sonderbehandlung. In jeden Topf kommt nur eine Pflanze, denn Tomaten sind gierig nach Nährstoffen und teilen nicht gern. Beim Einpflanzen der jungen Setzlinge achten die Kinder darauf, dass nicht nur die Wurzel, sondern auch ein paar Zentimeter des Stängels in das Pflanzloch kommen. Denn so bilden sich zusätzliche Seitenwurzeln und die immer hungrige und durstige Tomatenpflanze kann mehr Wasser und Nährstoffe aufnehmen.

Beim Pflanzen stecken die Kinder gleich Stützstäbe mit in den Topf, die den Tomatenpflanzen Halt geben. Wenn die Triebe in die Höhe sprießen, binden sie die Kinder vorsichtig daran fest. Fleißig gegossen wachsen die Pflanzen flott heran. Damit sie auch viele Früchte tragen, müssen behutsame Finger die kleinen Seitentriebe in den Achseln zwischen Blättern und Stiel regelmäßig abknipsen, man nennt das auch „ausgeizen". Die unersättlichen Tomatenpflanzen brauchen noch zusätzliche Nährstoffe und bekommen dafür regelmäßig Tomatendünger.

Tipps: 🍀 Tomate ist nicht gleich Tomate, es gibt eine enorme Sortenvielfalt, besonders an alten Sorten. Mehrere verschiedene Tomatensorten zeigen den Gärtnerkindern, dass die verschiedenen Früchte auch unterschiedlich schmecken. Mit Busch- oder Cocktail-Tomaten gelingen auch Ungeübten Tomaten-Erfolge.
🍀 Tomaten gedeihen natürlich auch im Beet oder Hochbeet sehr gut. Dort brauchen sie aber ein Dach über dem Kopf, denn wenn sie Regen ausgesetzt sind, neigen viele Sorten zu Braunfäule. 🍀 Erntereif sind Tomaten erst dann, wenn sie ganz rot sind.

ANFANG BIS MITTE MAI

MATERIAL
- Tomatenpflanzen – entweder auf der Fensterbank vorgezogen oder vom Fachhandel
- große Töpfe, mindestens 30 cm Durchmesser
- Pflanzerde
- Holzstäbe oder Tomatenstangen zum Stützen

DAZU PASST:

Jungpflanzen machen einen schnellen Start, S. 24

Frühling

Kasten für Pflücksalat

März / April (innen)
ab Mai bis Juli (draussen)

Material
- Saatband mit Pflücksalat-Mischung
- Blumenkasten
- Pflanzerde

Schnell ein paar Blätter Salat pflücken, damit holen sich die Frühlingsgartenkinder noch etwas Gesundes zum Pausenbrot dazu. Pflücksalat braucht wenig Platz und wächst auch in einem Blumenkasten schnell heran. Am einfachsten geht es mit Saatbändern.

Die Kinder füllen einen Blumenkasten knapp bis zum Rand mit Pflanzerde. Geschickte Finger rollen das Saatband vorsichtig in der Länge des Kastens auf, legen es auf die Erde, drücken es ein bisschen fest und bedecken es mit einer dünnen Schicht Erde. Wie immer vergessen die Kinder nicht, vorsichtig anzugießen. Die Samen beginnen nach wenigen Tagen zu keimen und dürfen jetzt nicht mehr austrocknen. Dann wachsen innerhalb weniger Wochen Salatblätter heran. Zur Ernte pflücken die Kinder nur die äußeren Blätter ab, aus der Mitte wachsen laufend neue nach.

Ein Zelt aus Blumen

April bis Mai

Was gibt es Schöneres als unter einem bunten Blumendach zu sitzen? Mit ein wenig Platz an einer sonnigen Stelle und himmelsstürmenden Pflanzen wächst ab Mitte Mai in wenigen Wochen ein Blütenzelt heran. Schnell und unkompliziert geht das mit einjährigen Kletterpflanzen.

Einjährige Kletterpflanzen:
Feuerbohnen: rote Blüten, essbare Bohnen (nur gekocht!) in langen Schoten 3 – 4 m
Schwarzäugige Susanne: gelbe Blüten mit dunklem Auge in der Mitte 1,50 m
Prunkwinde: himmelblaue große, trichterförmige Blüten 2 – 3 m
Wicken: zarte, seidige und duftende rosa, blaue, weiße Blüten 2 m
Hopfen: mehrjährig, im Frühjahr abschneiden, treibt wieder neu aus 4 – 6 m

Frühlingsgärtnerei

An einer sonnigen Stelle mit Sand oder einer Schnur einen Kreis in der gewünschten Größe des Zeltes markieren. Entlang der Linie die Holzstangen im Abstand von 30 bis 40 cm (je nach Standort mehr oder weniger) leicht schräg und möglichst tief in den Boden stecken. Dort, wo der Eingang in das Zelt sein wird, bleibt so viel Abstand zwischen den Stangen, dass die Kinder bequem durchschlüpfen können. Die oberen Enden der Stangen wie ein Indianerzelt zusammenbinden.

Für das blühende Kleid lockern die Kinder mit der Hacke den Boden rund um die Stangen auf und machen um jede Stange ein Loch in den Boden. Dort legen sie zwei bis drei Samenkörner hinein oder pflanzen je eine Jungpflanze an die Stangen. Zum Auffüllen vermischen die Kinder den Boden mit etwas Pflanzerde. Regelmäßig gegossen entwickeln sich die Kletterpflanzen dann schnell zu einem grünen Pelz. Am Anfang kann es notwendig sein, die ersten zarten Triebe mit etwas Bast an den Stangen festzubinden, aber bald finden sie von alleine ihren Weg nach oben und überziehen das Zelt mit Blättern und Blüten.

Variante: Das Zelt zwischen den Beeten
Wenn der Platz knapp ist, bietet es sich an, zwei Hochbeete mit einem grünen Dach zu verbinden. So entsteht ein gemütliches Zelt.

Variante: Ein buntes Kleid für den Zaun
Ein Zaun im Außengelände ist eine ideale Aufstiegshilfe für Kletterpflanzen und eine einladende Visitenkarte für die Einrichtung. Dafür säen oder pflanzen die Kinder die Kletterpflanzen in den gelockerten Boden vor dem Zaun.

Tipps: 🍀 Verblühtes immer entfernen, dann bilden sich laufend neue Blüten. 🍀 Im Herbst verabschieden sich die Kinder von ihrem Zelt oder Zaun, denn die einjährigen Kletterpflanzen sind nicht winterfest. 🍀 Die Holzstangen werden abgebaut, sauber gemacht und wandern bis zum nächsten Jahr in den Keller.

MATERIAL
- lange Schnur oder Sand zum Markieren
- Holzstangen (Bohnenstangen oder gerade gewachsene Haselnusszweige vom letzten Strauchrückschnitt, ca. drei Meter lang)
- Samen oder vorgezogene einjährige Kletterpflanzen
- Pflanzerde
- evtl. Bast
- Hacke
- Gießkanne

DAZU PASST:
Sommer auf der Fensterbank, S. 26

Samenkörner kommen in die Tüte, S. 78

Frühling

Schmuddelecken zu Schatzkammern

April bis Mai

Material
- evtl. Gummistiefel, Handschuhe
- Hacke, Spaten, Rechen
- beliebige Samenmischungen z. B. Wildblumen oder Kräuter
- evtl. Pflanzerde
- Gießkanne mit Brausekopf
- Wasser

Fast überall gibt es irgendwo eine Ecke, die niemand so richtig mag. Entweder wächst dort ganz viel Unkraut oder es sieht ein bisschen schmuddelig aus. Manchmal liegt auch der ganze Müll dort, um den sich niemand so richtig kümmern will. Eine solche Ecke ist zwar auf den ersten Blick nicht besonders einladend, aber auf den zweiten Blick ein wunderbarer Platz für besonders wilde Gartenkinder. Denn die wissen, wie aus so einer Schmuddelecke eine Schatzkammer wird.

Die Kinder befreien die Schmuddelecke von Müll, Steinen und Unkraut, so dass die Erde zum Vorschein kommt.

Kräftige Arme lockern den Boden mit der Hacke oder dem Spaten. Wie beim Anlegen von Beeten glätten die Kinder die Erde mit dem Rechen, bis der Boden eine einigermaßen gleichmäßige Oberfläche hat. Jedes Kind bekommt eine Portion Samen in die Hand, die es gleichmäßig auf der Fläche verteilt und mit etwas Erde bedeckt. Ganz wichtig ist auch hier das Angießen am Schluss. Der Brausekopf auf den Gießkannen sorgt dafür, dass sich die Wassergaben gleichmäßig und fein verteilen.

Die Erde soll nun nicht mehr völlig austrocknen, damit die Samen schön keimen. Dann wird in wenigen Wochen aus der Schmuddelecke eine blühende und duftende Schatzkammer sprießen.

Wenn die wilden Gartenkinder im Herbst dann noch ein paar Blumenzwiebeln, zum Beispiel Tulpen, Krokusse oder Schneeglöckchen dazu pflanzen, tauchen schon kurz nach dem Winter die ersten Schätze auf.

Frühlingsgärtnerei

Tipps: ❦ Auf sehr verdichteten oder kargen Böden wird die Aussaat größeren Erfolg haben, wenn der gelockerte Boden mit etwas Pflanz- oder Blumenerde vermischt wird. Für besonders magere Standorte gibt es aber auch spezielle Samenmischungen. ❦ Auf den Packungen steht, ob sich die Mischung für einen sonnigen, halbschattigen oder schattigen Platz eignet. ❦ Die Packung gibt auch Auskunft darüber, ob die Samen zum Keimen mit Erde bedeckt werden müssen oder nicht, wie dicht sie ausgebracht werden müssen, welche die beste Aussaatzeit ist und wie groß die Pflanzen werden.

Variante: Die Schmuddelecke wird zum Schmetterlingsparadies

Die Kinder verwenden spezielle Samenmischungen mit Pflanzen, die für Schmetterlinge und ihre Raupen ein reich gedeckter Tisch sind. Die Blumenvielfalt zieht auch viele andere Insekten an, erfreut das Auge und lädt zum Beobachten und Lauschen ein.

Dazu passt:

Fliegende Samenkugeln für wildes Gärtnern, S. 34

Fliegende Samenkugeln für wildes Gärtnern

Wilde Gartenkinder haben einen Blick für Plätze, die ein bisschen mehr Grün vertragen können. Damit sie immer gut gerüstet sind, bereiten sie eine Mischung aus Erde und Samen vor, die sie zu kleinen Kugeln formen und trocknen. Wo immer ihnen im Frühling eine triste und öde Fläche oder eine Schmuddelecke begegnet, lassen sie die Samenkugeln fliegen. Die verwandeln sie dann in ein Blumenparadies.

Vorbereitung: Die Erde und der Kompost lassen sich am besten trocken verarbeiten, deshalb bleiben sie ein paar Tage offen liegen.

Vor dem Anmischen sieben die Kinder Erde und Kompost durch ein Plastiksieb. Zunächst wandern alle trockenen Teile mit den Samen in die Schüssel und die Kinder mischen die Materialien gründlich durch. Nach und nach kommt so viel Wasser dazu, bis sich die Masse schön zu kleinen, stabilen Kugeln formen lässt. Wenn die Mischung zu flüssig gerät, dann geben die Kinder einfach etwas mehr Erde oder Tonpulver dazu.

Aus der Masse rollen die Kinder walnussgroße Kugeln und legen sie für zwei bis drei Tage zum Trocknen aus. Zum Einsatz kommen die fliegenden Samenbälle auf Schmuddelecken, wo sie mit Schwung auf die vorbereitete Fläche treffen. Bis dahin lagern sie am besten in einer Papiertüte oder in Stoffsäckchen.

Tipps: 🍀 Tonpulver gibt es im Künstlerbedarf oder im Baustoffhandel. Alternativ eignet sich Heilerde. 🍀 Statt drei Teilen Erde und zwei Teilen Kompost eignen sich auch fünf Teile Blumenerde. Am besten torffreie Produkte verwenden und vorher genauso trocknen und sieben. 🍀 In hübsche Stoffsäckchen oder Tütchen verpackt sind die Samenbälle ein tolles Geschenk. 🍀 In Absprache mit der Gemeinde- oder Stadtverwaltung können die Kinder mit ihren Samenbällen auch im öffentlichen Raum zu Begrünungsmaßnahmen beitragen, zum Beispiel auf Verkehrsinseln, Brachflächen, Flächen unter Bäumen usw. 🍀 Samenmischungen auf den Standort abstimmen.

Frühling

FRÜHLING

MATERIAL

- 1 Teil Samen von Wildblumen oder ähnlichen Mischungen
- 3 Teile Erde
- 2 Teile Kompost
- 3 Teile Tonerde
- etwa 1 Teil Wasser
- Schüssel
- Plastiksieb

DAZU PASST:

Schlafsäckchen für Samenkörner, S. 79

Samenkörner kommen in die Tüte, S. 78

Schmuddelecken zu Schatzkammern, S. 32

Frühlingsgärtnerei

Schatzkisten für Gartenschätze

Steine, Federn, verlassene Vogelnester, Moos, Blüten, Fruchtstände, Blätter, Samenkapseln und vieles mehr sind wahre Schätze, die draußen auf ihre Entdeckung warten. Aber nur wer genau hinschaut, findet solche Besonderheiten. Vom Frühling bis zum Winter sammeln sich ganz unterschiedliche Fundstücke aus der Natur an. An diesen kleinen Schätzen ist der Lauf der Jahreszeiten ablesbar. Deshalb wandern sie in eine Gartenschatzkiste, die jedes Kind für sich anlegt und gestaltet.

Wenn das Gartenjahr im späten Herbst zu Ende ist, räumen alle ihre Kisten gemeinsam aus und erinnern sich daran, wann und wo sie die einzelnen Schätze gefunden haben, wie das Wetter und welche Jahreszeit dabei war, und beobachten und beschreiben, wie sich manche der Fundstücke seitdem verändert haben.

Variante: Land-Art mit Gartenschätzen
Die Kinder legen aus den Fundstücken eine gemeinsame Collage im Garten.

Variante: Das Draußen-Buch
Aus gepressten Blumen, Gräsern, Blättern und anderen Schätzen gestalten die Kinder ein kleines Gartenbuch.

GANZJÄHRIG

MATERIAL
- Kisten, Schachteln, Schatullen
- evtl. Farben und Naturmaterialien zum Dekorieren

MATERIAL
- Tonkarton, Papier
- Blumenpresse
- Blumen, Gräser, Blätter o. Ä.

DAZU PASST:

Ein Weihnachtsgeschenk für den Garten, S. 101

Da sind die Blüten platt, S. 41

Frühlingsgäste im Garten

Regenwürmer mögen keinen Regen

Regenwürmer sind die Superstars für den Boden. Denn sie graben unermüdlich Röhren und Gänge unter der Erde. Das belüftet den Boden und macht ihn schön locker. So können die Pflanzen ihre Wurzeln gut ausbreiten. Beim Graben fressen die Regenwürmer die Pflanzenreste im Boden und scheiden die verdaute Nahrung wieder aus. Das ist dann wertvoller Humus, der voller Nährstoffe steckt. Die brauchen die Pflanzen wieder zum gesunden Wachstum. Ein Boden voller Regenwürmer ist also ein großes Glück für den Garten.

Warum heißen Regenwürmer dann Regenwürmer und nicht Gärtners Liebling?

Regenwürmer haben ein Problem bei Regen. Denn dann läuft Wasser in ihre unterirdischen Gänge und Röhren. Damit sie nicht ertrinken, flüchten sie sich schnell an die Oberfläche. Ihren Namen haben sie wahrscheinlich daher, weil bei Regen dann viele von ihnen zu sehen sind – und das, obwohl sie Tageslicht lieber meiden. Darum versuchen sie auch, sich nach dem Regen so schnell wie möglich wieder unter die Erde zu verziehen. Kurz nach einem Regenguss ist also der beste Zeitpunkt, einen gemeinsamen Regenwurm-Entdeckungs-Spaziergang zu machen.

Gut zu wissen:

Es stimmt übrigens nicht, dass es Regenwürmern nichts ausmacht, wenn sie bei der Gartenarbeit mit dem Spaten versehentlich entzwei gehackt werden. Daran müssen sie meistens sterben, auch wenn oft das Gegenteil behauptet wird.

So laufen Regenwürmer

Regenwürmer sind gar nicht so glatt und glitschig, wie sie aussehen. Sie bewegen sich mit winzigen Borsten auf ihrer Unterseite vorwärts. Das können die Kinder gut beobachten.

Ganz vorsichtig holen die Kinder einen Regenwurm aus dem Garten. Der ist nach dem Regen leicht zu finden, oder auch wenn sie mit einer Grabgabel oder einem Spaten vorsichtig ein Stück Erde umgraben. Den Regenwurm setzen die Kinder auf ein Stück Papier und sind dann ganz still. Wenn der Wurm über das Papier kriecht, macht er sich erst lang und zieht dann sein hinteres Ende nach. Dabei entsteht ein kratzendes Geräusch, denn er hält sich vorne mit seinen winzigen Borsten am Untergrund fest. Das können die Kinder hören und mit der Lupe auch sehen. Würde der Wurm über eine glatte Glasplatte kriechen, hätte er es viel schwerer, sich festzuhalten. Natürlich darf der Regenwurm nach seiner Vorstellung sofort wieder zurück in den Gartenboden.

FRÜHLING BIS HERBST

MATERIAL
- Stück Papier
- Regenwurm
- Lupe

Marienkäfer bringen Glück

Wenn die Kinder im Frühling ihre Beete vorbereiten und trockenes Laub und Pflanzenreste abräumen, entdecken sie oft ganz viele Marienkäfer, die dort gut geschützt auf den Frühling gewartet haben. Welch ein Glück, denn damit haben sie gute Partner gefunden, die sich um die unliebsamen Gäste im Garten kümmern.

Marienkäfer fressen nämlich leidenschaftlich gerne Blattläuse. Blattläuse sind deshalb unbeliebt, weil sie gerne in Scharen über junge Blütenknospen, zarte Blätter, Salat und Kräuter herfallen und sie ratzfatz vertilgen. An den ersten warmen Tagen sind die Marienkäfer leicht zu finden, meist unter Laubresten auf dem Beet. Solche fleißigen Helfer sollten die Gartenkinder besonders freundlich begrüßen.

FRÜHLING / SOMMER

MATERIAL
- Becherlupe

Den Punktestand zählen

Mit etwas Glück lassen sich Marienkäfer kurz für die Becherlupe fangen. Dann können die Kinder die Punkte zählen. Der heimische Marienkäfer ist rot und hat sieben Punkte. Es gibt aber auch eine etwas kleinere Marienkäferart mit nur zwei Punkten, die am liebsten in Gehölzen lebt. Richtig unübersichtlich wird es, wenn in der Becherlupe eine gelb-schwarze Marienkäferart mit 14, 22 oder gar 24 Punkten landet. Egal wer Punktesieger wird, die Käfer dürfen so schnell wie möglich wieder davonfliegen. Und wenn irgendwo im Garten eine läusegeplagte Pflanze steht, können die Kinder ihre Käfer zu einem Festmahl führen.

Sommerzauber

Sommerschätze entdecken

*I*n der Natur scheint alles in Höchstform zu sein. Im Mai und Juni stehen Wiesen und Wegränder voller Blumen und Gräser. Jeden Tag öffnen sich neue Blüten und die Formen und Farben werden vielfältiger. Es scheint, als ob die Natur einen großen Malkasten geöffnet hat, der unerschöpflich viele Farben hat.

Die Luft ist erfüllt von Düften der blühenden Sträucher und Bäume. Insekten eilen von Blüte zu Blüte und die Vögel sind vollauf damit beschäftigt, ihre frisch geschlüpfte Brut in den Nestern mit Futter zu versorgen.

In den Beeten wachsen und blühen die Pflanzen um die Wette. Bei Salaten, Kräutern und Gemüse ist ein täglicher Zuwachs sichtbar, die ersten Beete sind schon bereit zur Ernte, die Beeren reifen und zaubern den unvergleichlichen Sommergeschmack in den Mund.

Auch wenn die Natur schon früher in Sommerstimmung ist, so beginnt der Sommer im Kalender am 20. oder 21. Juni, dem Sonnwendtag, dem längsten Tag im Jahr. Rund um die Sonnenwende ist es beim Zubettgehen noch nicht richtig dunkel und beim Aufstehen schon lange wieder hell. Ein idealer Zeitpunkt für ein Sommer-Begrüßungsfest.

Sommer

Die Blume der Woche

Den ganzen Sommer über

Je mehr der Sommer in Fahrt kommt, desto bunter wird es draußen, ganz egal ob am Straßenrand oder im Garten. Da ist es gar nicht so einfach, den Überblick darüber zu behalten, was gerade besonders schön blüht. Leichter geht es, wenn jede Woche eine andere Pflanze ins Rampenlicht rücken darf. Deshalb: Vorhang auf für die „Blume der Woche".

Material

- Vase
- Papier und Stift
- evtl. Bestimmungsbuch

Die Kinder bestimmen draußen gemeinsam eine Pflanze zur „Blume der Woche" und schneiden nur eine davon ab. Die bekommt in einer Vase einen gut sichtbaren Ehrenplatz und ein Namensschild. Wenn nötig, hilft ein Bestimmungsbuch dabei, den Namen herauszufinden. Gemeinsam besprechen die Kinder, was an dieser Pflanze besonders ist, wie sie heißt, wie ihre Blüten und Blätter aussehen, ob sie in der Sonne oder im Schatten wächst, ob auf einer Wiese oder am Wegrand oder ob ihr Name etwas mit ihrem Aussehen oder ihrer Herkunft zu tun hat.

Dazu passt:

Da sind die Blüten platt, S. 41

Tipps: 🍀 Zur Erinnerung wird die Blume vor dem Verwelken gepresst. Daraus lässt sich dann ein Blumenbuch der Jahreszeiten gestalten. 🍀 Fotos von der Pflanze sind auch eine gute Möglichkeit für ein Blumenbuch.

Eiskalte Blumenerfrischung

An heißen Tagen tut eine Abkühlung gut. Eiswürfel im Getränk sind da die erste Wahl für durstige Gartenkinder. Blumige Eiswürfel machen das Ganze noch spannender.

Material

- Eiswürfelbehälter
- (Mineral-) Wasser
- essbare Blüten von z. B. Gänseblümchen, Borretsch, Ringelblumen, Rosen; Blätter von Pfefferminze oder Zitronenmelisse

Die Kinder waschen die Blüten oder Blätter, legen sie in Eiswürfelbehälter und gießen vorsichtig Wasser auf. Nach ein paar Stunden im Gefrierfach sind die blumigen Eiswürfel fertig.

Tipp: 🍀 Mit abgekochtem Wasser oder Mineralwasser bleiben die Würfel klarer.

Da sind die Blüten platt

Blumen zu pressen ist die wohl älteste Art, die vergänglichen Schätze aus dem Pflanzenreich haltbar zu machen. Dabei verändern sie sich zwar ein bisschen, doch lassen sich spannende Sachen damit gestalten.

Auf eine Lage Zeitungspapier breiten die Kinder ein Blatt Löschpapier oder Küchenkrepp aus. Darauf legen sie vorsichtig die Pflanzenteile, die sie pressen wollen. Beim Auflegen achten sie darauf, dass alle Blätter und Blütenteile glatt und ohne Knicke ausgebreitet sind. Darauf legen die Kinder ein neues Blatt Löschpapier und darüber eine Lage Zeitungspapier. Diesen Papierstapel beschweren sie mit mehreren Büchern oder anderen schweren Gegenständen. Nach drei bis vier Tagen schauen sie nach, ob die Pflanzen schon getrocknet sind. Wenn nicht, bleiben die Blüten und Blätter noch eine Weile unter ihrer schweren Last liegen, andernfalls sind sie nun bereit, weiterverarbeitet zu werden.

Was machen die Kinder mit den gepressten Pflanzen?
❀ Sie gestalten einen Blütenkalender für jeden Monat. ❀ Jedes Kind gestaltet ein Blatt für seine Lieblingsblume. ❀ Auf einem Blatt kleben sie aus einzelnen Pflanzenteilen neue Fantasiefiguren zusammen. ❀ Sie legen ein Blumenbuch an.

Tipps: ❀ Fleischige Blätter oder Pflanzen mit sehr dicken Blütenständen eignen sich nicht so gut zum Pressen, dann besser nur einzelne Blütenblätter verwenden. ❀ Im Handel gibt es komplette Blumenpressen für Kinder zu kaufen.

DEN GANZEN SOMMER ÜBER

MATERIAL

- Blumen, Blätter, Gräser
- Zeitungspapier
- Löschpapier oder Küchenkrepp
- Material zum Beschweren, z.B. Bücherstapel

DAZU PASST:

Blätter pressen, S. 70
Weihnachtskarten aus der Schatzkammer, S. 95

Sommer

Zauberhafter Glücksbringer

Den ganzen Sommer über

Material

- Holunderzweige, möglichst gerade gewachsen
- Blüten, Fruchtstände, Federn und alle möglichen kleinen Fundstücke von draußen
- Gartenschere
- dicke Nadel
- schmales Band, Faden, Schnur

Dazu passt:

Holundertinte, S. 67

Manchmal ist ein Glücksbringer ganz nützlich – Schwarzer Holunder eignet sich ganz besonders dazu, schließlich werden ihm magische Kräfte nachgesagt.

Die Zweige bekommen eine Länge von vier bis fünf Zentimetern. Mit der Nadel oder einem ähnlich spitzen Gegenstand drücken die Kinder das weiße Mark im Inneren heraus. Geschickte Finger fädeln das Band am besten mit einer dicken Nadel durch den hohlen Stängel. Daran lassen sich dann auch Perlen, Federn und andere Schätze von draußen befestigen, so dass ein zauberhafter Anhänger entsteht.

Tipps: ❀ Bevor die Zweige abgeschnitten werden, bitten die Kinder den Holunderstrauch um Erlaubnis, schließlich könnten ja gute Geister darin wohnen.
❀ Beim Abschneiden darauf achten, keine brütenden Vogelfamilien zu stören.
❀ Die Kinder fühlen die raue Struktur der Holunderzweige und vergleichen die Rinde mit anderen Sträuchern und Bäumen in der Umgebung.

Zauberstäbe vom Wegrand

Den ganzen Sommer über

Material

- fingerdicker Holunderzweig
- Gräser, Federn, sonstige Fundstücke von draußen
- oder bunter Bast, Wollfäden usw.
- Gartenschere, evtl. Schnitzmesser

So ein Zauberstab ist schnell gemacht, wenn ein Holunderstrauch in der Nähe ist. Dann steht einem Zauberfest nichts mehr im Weg.

Der Holunderzweig bekommt mit der Gartenschere die gewünschte Länge. Die Kinder binden Bast, Gräser oder Fäden um den Zweig, fädeln oder knoten Fundstücke daran fest und gestalten so ihren Zauberstab ganz nach eigenen Wünschen. Größere Kinder schnitzen sogar Muster in die Rinde.

Schwarzer Holunder mit magischen Kräften

Aus was bestehen wohl Zauberstäbe?

Es muss schon ein besonderes Holz sein, das magische Aufgaben erfüllen kann. Holunder scheint sich da bestens zu eignen, denn schon seit Jahrhunderten werden ihm Zauberkräfte nachgesagt.

Der Strauch wächst wild in der Natur und im Garten. Im Mai/Juni öffnen sich seine weißen, duftenden Blütenschirme, aus denen man leckeren Blütensirup machen kann und im August/September reifen die dunklen Beeren heran. Sie sind ein beliebter Leckerbissen für Vögel. Für Menschen sind die rohen Beeren giftig, aber gekocht und zu Saft oder Marmelade verarbeitet sogar sehr gesund. Sie enthalten Vitamin C, der Saft soll das Immunsystem stärken und gut gegen Erkältungen helfen. Deshalb galt die Pflanze schon früher als eine Art Apotheke und wurde oft ans Haus gepflanzt. Auch glaubte man, dass gute Geister darin wohnten, sie würden die Menschen und das Haus beschützen, sogar böse Geister vertreiben und Blitzschläge abhalten.

Gut zu wissen:

Der Schwarze Holunder hat viele Namen. In manchen Gegenden heißt er Elder, Fliederbeere, Fliederbusch oder Holler. Von Region zu Region sind noch viele andere Namen gebräuchlich. Vielleicht fragen die Kinder ihre Großeltern danach.

HOLUNDERBLÜTE

HOLUNDERBUSCH

Sommer

Blumentattoos

DEN GANZEN SOMMER ÜBER

MATERIAL
- Blütenblätter, Grashalme, Blätter usw.
- farblose Hautcreme (z.B. Vaseline)

Indianer, Elfe, Ritter, Fee oder Pirat? Dazu gibt es auf Wunsch das passende Muster für die Haut. Mit Blüten, Blättern und Gräsern zaubern sich die Kinder Tattoos auf Hände und Arme oder sogar ins Gesicht. Das Gute daran ist, dass im Handumdrehen neue Muster möglich sind. Denn diese Tattoos sind bei Bedarf ganz schnell wieder verschwunden.

Die Kinder cremen die Stellen auf der Haut ein, wo das Tattoo sitzen soll. Sie zupfen Blüten und Blätter zurecht und legen sie auf Armen, Beinen oder im Gesicht zu bunten Mustern.

Tipps: ❁ Keine rauen, reizenden Blätter oder Pflanzenteile verwenden!
❁ Flaches Material haftet am besten!

Ein Mohntheater aus dem Beet

MITTE MAI BIS MITTE JUNI

MATERIAL
- Mohnblüten
- Grashalme
- Schere

Mohn blüht im Mai/Juni nicht nur auf dem Feld, sondern ist auch eine beliebte und unkomplizierte, mehrjährige Gartenpflanze. Nicht nur ihre Blüte ist zauberhaft, auch ihre Fruchtstände sind äußerst zierend. Kurz bevor die Blütenblätter abfallen, lassen sich daraus sogar kleine Mohnfiguren basteln.

Die Kinder schneiden die Mohnblüten mit einigen Zentimetern Stängel ab. Sie klappen die Blütenblätter nach unten und binden sie mit einem Grashalm oder ähnlichem unterhalb der Fruchtkapsel fest. Nach Wunsch können die Kinder noch Augen und Münder aufmalen oder andere Pflanzenmaterialien auf der Fruchtkapsel feststecken. Mit mehreren Figuren entsteht daraus ein kleines Theater.

Sonnenkränze mit Magie

Die Zeit um die Sommersonnwende hat eine besondere Bedeutung. Wenn die Sonne ihren höchsten Stand hat, sollen Kräuter die meiste Kraft und Heilwirkung entfalten. Früher war es üblich, Sonnwendkränze aus verschiedenen Kräutern zu binden, die Glück für das kommende Jahr bringen und Unheil abwenden sollten. Dafür verwendete man Ringelblumen, Arnika, Farn, Wegwarte, Thymian, Beifuß und Johanniskraut. Ein Brauch, der auch heute noch eine gute Gelegenheit bietet, den längsten Tag des Jahres, der gleichzeitig als Sommeranfang gilt, zu feiern.

Beim Spazierengehen um die Sonnwendzeit herum schneiden und pflücken die Kinder verschiedene Pflanzen und Kräuter am Wegrand oder auf der Wiese.

Aus dünnen Haselnuss- oder anderen Zweigen formen sie einen Ring und verknoten die Enden mit Bast. Um diesen Kranz schlingen sie die gesammelten Pflanzenteile, Blüten, Gräser und binden sie an einigen Stellen fest. An die Tür gehängt oder sogar auf den Kopf gesetzt sorgt der Kranz bestimmt für Glück, aber mindestens für gute Laune.

Tipp: ❀ Mit einem Bestimmungsbuch lassen sich auch die typischen Sonnwendkräuter leicht finden. Doch alle anderen Pflanzen, die um diese Zeit herum blühen, ergeben einen genauso schönen Sonnenkranz.

Um den 20./21. Juni herum

Material
- verschiedene Kräuter, Gräser und Pflanzen vom Wegesrand
- dünne Haselnussruten o. ä. Zweige
- (Garten-)Schere
- Bast

Sommer

Aus Pflanzen werden Farben

Sommer / Herbst

Blumen und Gemüse sind schön bunt. Die verschiedenen Farben können die Kinder aus den Pflanzen herausholen und damit malen. Sehr gut eignen sich Rotkohlblätter, braune Zwiebelschalen, grüne Walnussschalen, Holunderbeeren, Blüten von dunklen Rosen, Geranien, Pfingstrosen, Dahlien und viele mehr.

Die Kinder legen etwa eine Handvoll Blätter oder Blüten einer Farbe in jeweils einzelne Kochtöpfe und gießen so viel Wasser auf, dass die Pflanzenteile gerade bedeckt sind. Die Spielleitung kocht die Masse auf und lässt sie etwa fünf Minuten köcheln. Die farbige Flüssigkeit darf nun etwas abkühlen und wird dann durch ein Sieb in einzelne Gläser abgegossen. Die Kinder erkennen nun deutlich, welche Farben aus welchen Pflanzen entstanden sind.

Bevor die Kinder damit zu malen beginnen, kann die Spielleitung die einzelnen Farben auf mehrere Becher verteilen und einige davon mit etwas Zitronensaft vermischen. Dies macht den Farbton intensiver, die Menge richtet sich deshalb nach dem gewünschten Farbergebnis. Für 100 ml Flüssigkeit genügt ungefähr 1 TL Zitronensaft. Das Experimentieren damit macht schon fast so viel Spaß wie das Malen mit den unterschiedlichen Farben.

Tipp: Auch Zitronensäure (gibt es in kleinen Päckchen im Supermarkt zu kaufen), Natron oder Essig verändern die Pflanzenfarben wie durch Zauberei.

Material

- Blüten, Blätter, Beeren
- Herd/Kochplatten
- Kochtöpfe und Kochlöffel
- Wasser
- feines Sieb
- leere Gläser mit Deckel zum Abfüllen der Farben
- kleine Becher
- Zitronensaft

Dazu passt:

Pinsel vom Wegrand, S. 47

Sommerschätze entdecken

Pinsel vom Wegrand

Mit unterschiedlichen Pinseln macht das Malen besonders viel Spaß. Noch spannender wird es, wenn die Pinsel aus ungewöhnlichen Materialien gemacht sind. Da bietet die Natur eine Fülle an Möglichkeiten mit allem, was sich an Weg und Wiese so findet.

Die Kinder sammeln draußen verschiedene Naturmaterialien, wie Blütenstände, Gräser, Kiefern- und Fichtennadeln, kleine Zweige und ähnliche Fundstücke, und brechen oder schneiden sie bis auf einen kurzen Stiel ab. Wichtig ist, dass sich die Materialien zu möglichst festen Bündeln zusammenfügen lassen, die schöne Strukturen ergeben.

Als Griff eignen sich Holunderzweige ganz gut. Sie sind relativ gerade und leicht auszuhöhlen, um den Pinselkopf zu tragen. Die Spielleitung schneidet die Holunderzweige auf die gewünschte Länge zurecht und bohrt am oberen Ende das weiße Mark aus dem Inneren heraus. Dort hinein stecken die Kinder ihre Materialien so tief und so dicht, dass sie nicht mehr verrutschen. Alternativ können sie die Pinselköpfe auch mit Schnur oder Draht fest um den Stiel binden.

Mit Pflanzen- oder mit Wasserfarben lassen sich nun tolle Muster und Strukturen zu Papier bringen.

GANZJÄHRIG

MATERIAL

- Holunderzweige, gerade gewachsen, circa 10 cm lang
- dicke Nadel oder Handbohrer
- Frucht- und Blütenstände, Gräser und Ähnliches
- evtl. Schnur oder Draht

DAZU PASST:

Aus Pflanzen werden Farben, S. 46

Sommer

Rindenschiff ahoi

DEN GANZEN SOMMER ÜBER

An heißen Tagen ist es am schönsten am Wasser. Am besten noch mit selbstgebastelten Schiffchen, die aus wenigen, einfachen Materialien entstanden sind. Dafür müssen die Kinder auch nicht lange suchen. Denn Rindenstücke, Holzstöckchen, Blätter und Gräser finden sich draußen ganz leicht. Die Varianten für ein solches Schiffchen sind endlos – ein klarer Fall für die Fantasie.

MATERIAL

- Stück Baumrinde
- Bast oder Schnur
- Handbohrer
- Holzstöckchen
- Blätter, Zweige, Gräser, Moos usw.

Das Rindenstück ist der Schiffskörper, das Holzstöckchen ist der Mast. Mit dem Handbohrer machen die Kinder eine Vertiefung im Durchmesser des Holzstöckchens in die Innenseite der Rinde. Als Segel befestigen sie ein großes Blatt am Stöckchen und stecken es als Mast in die Vertiefung. Die Schiffsbaukinder verzieren das Rindenstück nach Belieben mit Gräsern, Zweigen, Moos und Blättern und binden ein Stück Bast oder Schnur an das Ende ihres Schiffes. So kann es auf großer Fahrt im Wasser nicht verloren gehen.

Variante: Ein flottes Floß

Aus einzelnen gleichlangen und etwa fingerdicken Zweigen binden die Kinder mit Bast oder Schnur ein Floß zusammen. Zwischen den Zweigen klemmt ein Zweig als Mast. Blätter, Gräser und sonstige Fundstücke verzieren das Floß.

Sommerschätze entdecken

Edelsteine für die Schatzkammer

Die Schatzkammer Kita-Garten ist zwar voller wunderbarer Schätze, doch manche Stellen vertragen es durchaus, noch ein bisschen mehr veredelt zu werden. Deshalb schmücken die Kinder ihre Schatzkammer mit ganz besonderen Edelsteinen. Mit etwas Farbe werden dann schnell fantastische Wesen daraus, die den Garten auf Hochglanz oder zumindest in der Sonne zum Leuchten bringen.

Die Kinder sammeln Steine, waschen sie und lassen sie trocknen. Dabei überlegen sie, welche Formen, Gestalten oder Muster vielleicht darin zu erkennen sind. Mit Farbe und Pinsel geben sie den Steinen fantasievolle Anstriche. Um die Kunstwerke dauerhaft vor Wind und Wetter zu schützen, lassen sie die bemalten Steine zuerst gut trocknen und überpinseln sie dann noch einmal mit Klarlack. Gemeinsam verteilen die Kinder die veredelten Steine in ihrer Kita-Garten-Schatzkammer.

Tipp: 🍀 Wenn die Kinder den Garten im Spätherbst in den Winterschlaf verabschieden, holen sie die Steine wieder herein und bewahren sie bis zum Frühling auf. Natürlich können die Steine aber auch draußen bleiben und im Winter für Farbtupfer sorgen. 🍀 Größere Steine sind auch schöne Unterlagen, um Pflanzennamen darauf zu schreiben.

Den ganzen Sommer über

Material

- Steine mit möglichst glatter Oberfläche
- Wasser
- Wasser- oder Fingerfarben
- Pinsel
- Klarlack

Dazu passt:

Verabschiedung in den Winterschlaf, S. 97

Was gibt es wann im Sommergarten zu tun?

Juni / Juli
Kräuter vor der Blüte **ernten** und **verarbeiten**

Juni / Juli / August
Gemüse und Salat **ernten**

August
Feldsalat für Herbst und Winter **aussäen**

Erdbeeren **pflanzen**

Den ganzen Sommer über
Unkraut aus den Beeten **entfernen**

Bei Trockenheit **gießen**

Seitentriebe bei den Tomaten **ausbrechen**

Blumen für Sträuße **abschneiden**

Verblühte Blumen **abschneiden**

Pflanzen haben Durst

Pflanzen brauchen Wasser. Damit sie gut wachsen, blühen, reifen und gesund bleiben, dürfen sie nicht austrocknen. Alle Pflanzen, die in Gefäßen wachsen, müssen die Kinder täglich mit der Gießkanne besuchen. Vor heißen Wochenenden gießen sie noch einmal kräftig und füllen auch die Untersetzer, auf denen die Töpfe mit besonders durstigen Pflanzen stehen, mit Wasser.

Den ganzen Sommer über

Richtig gießen geht so:

Das Wasser nicht von oben über die ganze Pflanze brausen, sondern immer direkt auf die Erde gießen. Die Kinder wässern außerdem durchdringend, also so viel, dass die Erde im Topf ganz durchfeuchtet wird und alle Wurzeln gut an Wasser kommen. Der richtige Zeitpunkt für die nächste Wasserration ist dann, wenn die Oberfläche der Erde angetrocknet ist.

Wassertest

Gartenkinder gießen lieber einmal kräftig als mehrmals nur ein bisschen. Denn die Füllung einer großen Gießkanne gelangt gerade mal ein paar Zentimeter tief in die Erde. Das lässt sich sehr gut beobachten.

Die Kinder gießen eine Gießkanne voller Wasser auf eine etwa handtuchgroße Fläche trockener Erde. Sobald die ganze Flüssigkeit versickert ist, graben sie mit den Fingern oder kleinen Kellen ein Loch in die Erde und fühlen, wie tief das Wasser in den Boden eingedrungen ist. So wird deutlich, wie viel Wasser notwendig ist, damit die Wurzeln genug davon abbekommen.

Zum Vergleich wiederholen die Kinder den Vorgang an verschiedenen anderen Stellen. Im Sandkasten werden sie feststellen, dass das Wasser zwar viel schneller nach unten abläuft, aber auch bald ganz verschwunden ist. Deshalb wachsen auf Böden, die viel Sand enthalten, auch andere Pflanzen als in lehmiger Erde.

Den ganzen Sommer über

Material
- Gießkanne
- Wasser

Sommer

Mai / Juni

Material

- gebrauchte bunte Plastiktüten oder ähnliches Material
- Schere
- Tacker
- Schnur
- Holzstöcke

Ach du Vogel-Schreck

Vögel halten Beete und Früchte für eine tolle Speisekammer. Denn in der lockeren Erde lässt es sich wunderbar nach Würmern picken und in ihrem Eifer dabei graben sie schon mal junge Pflanzen aus oder lassen sich frische Samenkörner schmecken. Zwar freuen sich die Gartenkinder sehr, wenn viele Vögel im Garten sind, die ungeliebte Schnecken im Zaum halten, aber ihre ganze Ernte wollen sie doch nicht mit den gefiederten Freunden teilen. Deshalb brauchen manche Beete ein bisschen Bewegung mit flatternden Bändern. Das hält die Vögel davon ab, dort heftig nach Würmern zu suchen oder alle Erdbeeren zu stibitzen. Und es sieht auch ganz hübsch aus im Kita-Garten.

Die Kinder schneiden aus den Plastiktüten doppellagige lange Streifen oder Dreiecke zu und tackern sie an langen Schnüren fest. In den Beeten stecken sie die Holzstöcke in den Boden und binden daran die Schnüre mit den Plastikbändern fest. Der bunte Vogelschreck darf nun im Wind flattern und den Vögeln damit ein Zeichen geben, hier bitte etwas Abstand zu halten.

Den ganzen Sommer über

Dazu passt:

Wildes Picknick, S. 10
Die Blume der Woche, S. 40
Ein brennendes Geheimnis, S. 53

Ungeliebte Unkräuter

In den Beeten wächst auch Unkraut. Und das ist nicht sonderlich beliebt. Dabei sind Unkräuter nützliche und wichtige Pflanzen, viele davon haben sogar Heilwirkungen. Löwenzahn, Brennnesseln, Klee und viele andere bieten Insekten und Schmetterlingen wertvolle Nahrung. Nur im Gemüsebeet sind sie lästig, denn sie nehmen den anderen Pflanzen Licht, Luft, Nährstoffe und Platz weg.

Ab und zu müssen die Gartenkinder zum Unkrautjäten ausschwärmen. Am besten, wenn die Erde nach dem Regen ein bisschen feucht ist. Dann lassen sich die Unkräuter mit der Wurzel herausziehen oder hacken. Das ist wichtig, denn sonst sprießen einfach wieder neue Triebe aus dem Untergrund heraus. Und vielleicht gibt es ja am Schluss ein Unkrautpicknick. Löwenzahn, Giersch und Vogelmiere sind nämlich sehr leckere und gesunde Kräuter.

Ein brennendes Geheimnis

Wer Brennnesseln sieht, macht meist einen großen Bogen darum. Aus gutem Grund, denn jede Berührung hinterlässt einen brennenden Schmerz. Warum aber ist das so? Diesem Geheimnis kommt man mit einer Lupe auf die Spur.

Auf den Blättern und an den Stängeln der Brennnessel sitzen viele feine Härchen, die Brennhaare. Jedes Härchen ist am unteren Ende ein bisschen dicker. Darin steckt eine ganz besondere Flüssigkeit. Bei der kleinsten Berührung bricht der obere Teil der Härchen ab und aus dem unteren Teil wird diese Flüssigkeit in die Haut gedrückt. Und die brennt dort kräftig und hinterlässt für kurze Zeit sogar rote Pusteln.

Mit dieser raffinierten Ausstattung schützt sich die Brennnessel davor gefressen zu werden. Insekten und Schmetterlingen machen die Brennhaare aber nichts aus. Zum Glück, denn die Brennnessel ist für sie eine wertvolle Futterpflanze und sogar das perfekte Kinderzimmer. Manche Schmetterlingsarten, wie das Tagpfauenauge oder der Kleine Fuchs legen nämlich ihre Eier auf den Brennnesseln ab. Dort sind sie ja gut geschützt, und wenn die Raupen geschlüpft sind, knabbern sie sich an den Brennnesselblättern satt. Deshalb dürfen Brennnesseln im Garten ruhig stehen bleiben.

Der Trick: So brennt die Brennnessel nicht

Brennnesseln schmecken gut! Aber einfach so pflücken, das geht ja nicht. Deshalb: Handschuhe anziehen, nur junge, zarte Blätter abschneiden, und mit heißem Wasser übergießen. Damit ist die Brenngefahr gebannt. Schleckermäuler schneiden die Brennnesselblätter dann klein und geben sie in Pfannkuchenteig. Solche Pfannkuchen sind genau das Richtige für wilde Gärtner.

Sommer

Duftdetektive

Juni / Juli

Der Sommer ist die Zeit der Kräuter. Wenn die Sonne darauf scheint, entfaltet sich ihr Duft besonders intensiv, denn Kräuter enthalten viele ätherische Öle. An manchen Sommertagen wehen richtige Duftwolken aus dem Kräuterbeet durch den Garten. Geübte Nasen erkennen sogar die Unterschiede zwischen den einzelnen Pflanzen. Wer hat wohl den besten Riecher? Die Sommergartenkinder werden zu Detektiven und machen sich auf die Spur der Kräuterdüfte.

Die Spielleitung erntet im Vorfeld einige Blätter von duftenden Kräutern aus dem Kita-Garten, zupft sie klein und füllt die Dosen mit je einer Kräuterart. Über die Öffnung der Gefäße kommt ein Mulltuch, das mit einem Gummi befestigt wird. Mit diesen Riechdosen machen sich die Duftdetektive auf Spurensuche. Die Kinder riechen an einer Dose und versuchen, das dazu passende Kraut im Kräuterbeet zu erschnuppern. Wer den Duft erkannt hat, darf die Dose öffnen und prüfen, ob der Inhalt mit der Pflanze übereinstimmt.

Variante für ältere Kinder: Das Duftdetektiv-Buch

Die Kinder legen ein Duftdetektiv-Buch mit Steckbrief und „Fingerabdruck" der Kräuter an. Dazu pressen sie die Blätter und Blüten der Kräuter, kleben sie auf festes Papier und beschreiben ihr Aussehen und ihre besonderen Merkmale. Den Duft zu beschreiben, ist gar nicht so einfach, bestimmt ergeben sich interessante und lustige Bezeichnungen und Vergleiche.

Material
- verschiedene Kräuter
- kleine Dosen oder Plastikbecher
- Mulltücher
- Schere
- Gummi

Dazu passt:

Da sind die Blüten platt, S. 41

… Heiße Erfrischung aus dem Kräutergarten …

Minze wächst gerne dort, wo es nicht allzu trocken ist. Die mehrjährige Pflanze breitet sich sogar zügellos aus, wenn es ihr gut gefällt. Deshalb ist es ganz ratsam, sie ein bisschen im Zaum zu halten. Das geht besonders gut, wenn man ihre Zweige immer wieder abschneidet. Gut, wenn die Kinder gerne Pfefferminztee trinken. Frisch aus dem Garten geerntet und aufgebrüht ist er genau das Richtige für Sommergartenkinder.

Dafür vier bis fünf kräftige Minzestängel abschneiden, waschen, in eine Kanne geben und mit kochendem Wasser überbrühen. Nach fünf bis zehn Minuten ist der Tee durchgezogen, die Stängel können dann herausgefischt werden.

Tipps: ❀ Minzen gibt es in vielen verschiedenen Sorten. Außer Pfefferminze gibt es zahlreiche andere Geschmacksrichtungen, z. B. Schoko-Minze, Ananas-Minze, Erdbeer-Minze und viele mehr. Vielleicht ist im Kita-Garten ja Platz für eine Minze-Ecke? ❀ Der Tee schmeckt auch mit Zitronenmelisse sehr lecker. ❀ Für den winterlichen Vorrat lässt sich Minze gut in kleinen Sträußchen trocknen.

JUNI BIS AUGUST

DAZU PASST:

Kräuter trocknen, S. 56

Sommer

Kräuter trocknen

Juli

Material
- Scheren
- Schnur oder Bast
- luftdicht verschließbare Gefäße zum Aufbewahren
- Thymian, Salbei, Rosmarin, Majoran, Oregano, Minze, Zitronenmelisse und viele mehr

Damit die Sommergartenkinder ihre selbst angebauten Kräuter auch im Winter genießen können, ernten sie gleich mehr davon und trocknen sie in kleinen Sträußchen. Ein sonniger Vormittag ist der beste Zeitpunkt für die Kräuterernte.

Die Kinder schneiden die Kräuterstängel etwa gleichlang mit der Schere ab, legen sie nach Pflanzenart sortiert zu kleinen Sträußchen und binden sie mit einer Schnur oder mit Bast zusammen. Wenn die Bündel nun kopfüber an einem warmen und regengeschützten Platz aufgehängt werden, trocknen sie innerhalb weniger Tage gut durch.

Sobald die Kräuter rascheln, sind sie bereit zur Aufbewahrung. Dafür öffnen die Kinder die trockenen Kräuterbüschel wieder, zupfen die Blätter von den Stängeln und füllen sie in luftdicht verschließbare Dosen. So bleibt das Kräuteraroma für Tees und zum Würzen das ganze Jahr über gut erhalten.

Tipps: ❀ Vor der Blüte ernten, dann treiben die Pflanzen immer wieder neue Blätter nach. ❀ Nur unversehrte und gesunde Stängel abschneiden.

Kräuter – ganz schön gesalzen

Den ganzen Sommer über

Material
- Schüssel
- Mörser
- Gläschen mit Deckel zum Aufbewahren

Das Aroma des Sommers einfangen, das geht auch mit Kräutersalz. Beim Würzen mit Salz und selbst geernteten Kräutern erinnern sich die Kinder dann auch im Winter an die sommerlichen Duftschwaden im Garten.

Grundrezept für 100 g Kräutersalz:
90 g Kochsalz oder Meersalz, 10 g getrocknete Kräuter

Die Kinder entstielen die getrockneten Kräuter, zerreiben sie in einem Mörser und vermischen sie in einer Schüssel mit dem Salz. Die fertige Mischung füllen sie in kleine Gläser oder Dosen. Sehr hübsch sieht es aus, wenn noch ein paar getrocknete Blüten, zum Beispiel von Ringelblumen mit dabei sind.

Tipps: Die Kräutermischungen nach Geschmack zusammenstellen, z. B.: ❀ Eine „Lieblingsessen-Mischung" für Tomatensoßen aus Oregano und Thymian. ❀ Oder eine „Warmmachsuppen-Mischung" aus Liebstöckel, Kerbel und Petersilie. ❀ Ganz südlich schmeckt auch eine „Ferien-Mischung" aus Thymian, Salbei und Oregano. Die Kinder finden bestimmt schnell ihre Favoriten für ihre eigene Zusammenstellung.

Sommergärtnerei

Duftwolken aus Lavendel

JULI

Lavendel ist ein mehrjähriges Kraut, das im Juli blüht und wunderbar duftet. Es braucht einen Platz in voller Sonne, der Boden darf ruhig trocken sein. Die kräftigen Duftwolken, die der Lavendel im Sommer in den Garten schickt, lassen sich auch gut einfangen. Denn getrockneter Lavendel riecht noch monatelang. Dafür schneiden die Kinder die Blütenstängel mit der Schere ab, bündeln sie zu Sträußchen und hängen sie zum Trocknen auf.

Tipps: ❀ Wenn der Lavendel dann vollständig verblüht ist, schneiden die Kinder die restlichen Blütenstängel mit der Schere ab. So bleiben die Pflanzen gut in Form, kräftig und gesund. ❀ Ältere Lavendelpflanzen werden im Frühjahr bis in die holzigen Triebe hinein zurückgeschnitten. So treiben sie wieder frisch und buschig aus.

DAZU PASST:

Kräuter trocknen, S. 56

Mottenschrecksäckchen

JULI

Diesen ganz speziellen Lavendelgeruch mögen manche gar nicht. Motten zum Beispiel. Die machen einen großen Bogen um den intensiven Duft. Deshalb hängen in den Kleiderschränken gerne Säckchen mit getrockneten Lavendelblüten. Die sorgen nämlich dafür, dass Motten sich dort gar nicht erst gemütlich einrichten und Löcher in die Kleidung fressen.

Die Kinder zerkleinern die getrockneten Blütenstände mit den Fingern und füllen sie in kleine Säckchen. Mit hübschen Bändern oder Fäden verschlossen, sorgen die Mottenschrecksäckchen überall für Wohlgeruch, ganz besonders im Kleider- oder Wäscheschrank. Unliebsamer Besuch von Motten ist damit ziemlich ausgeschlossen.

Tipp: ❀ Vor dem Befüllen bemalen die Kinder die Stoffsäckchen oder Teefiltertüten.

MATERIAL:

- Getrocknete Lavendelblüten
- Stoffsäckchen oder Teefiltertüten
- Bänder zum Verschließen und Aufhängen

Sommer

Erdbeeren pflanzen

AUGUST

Zum Sommer gehört der Geschmack von Erdbeeren – am besten, wenn sie sonnenwarm in den Mund wandern. Deshalb dürfen ein paar Erdbeerpflanzen im Garten nicht fehlen. Die beste Pflanzzeit dafür ist im August. Damit sich die köstlichen roten Kugeln auch gesund entwickeln, brauchen die Erdbeerpflanzen einen sonnigen Platz und nährstoffreichen Boden.

MATERIAL
- Erdbeerpflanzen
- Hacke
- Gießkanne
- Wasser

Die Kinder lockern die Erde mit einer Hacke auf und entfernen dabei auch Unkraut, das dort wächst. Im Abstand von dreißig bis vierzig Zentimetern graben sie Pflanzlöcher in den Boden und setzen die Erdbeerpflanzen hinein.

Wichtig: Die Pflanzen dürfen nicht zu tief und nicht zu hoch gesetzt werden. Das „Herz", also der Übergang zwischen Wurzeln und Trieben der Erdbeerpflanze, soll mit der Bodenoberfläche abschließen. So überstehen die jungen Erdbeeren im Winter den Frost und setzen im nächsten Jahr gut Früchte an. Die Kinder drücken die Pflanzen etwas fest und gießen gründlich an. Beim Wässern achten sie immer darauf, nicht auf Blätter und Blüten zu gießen, denn sonst werden die Pflanzen leicht von Grauschimmel befallen.

Tipps: ❀ Wenn die Pflanzen im nächsten Jahr Früchte ansetzen, den Boden mit etwas Stroh bedecken. Das hält die Erde feucht und die Früchte trocken und sauber. ❀ Erdbeerpflanzen unterscheiden sich. Es gibt die Wahl zwischen einmal und mehrmals im Jahr tragenden Sorten. ❀ Erdbeeren können auch gut in Töpfe gepflanzt werden. Dann aber Sorten wählen, die schon im Mai gepflanzt werden. Sie tragen dann im Sommer schon Früchte. Im Winter brauchen die Töpfe dann eine schützende Abdeckung zum Beispiel mit Fichtenreisig oder ähnlichem. ❀ Gibt es im Garten einen schattigen, nicht zu trockenen Platz, der nicht so richtig genutzt wird? Dann ist das vielleicht der ideale Standort für Walderdbeeren. Sie sind zwar klein, aber sehr aromatisch und bedecken schnell größere Flächen mit ihren Blattteppichen.

Sommergärtnerei

Erdbeeren meterweise abzugeben

Nach der Ernte bilden die Erdbeerpflanzen neue Triebe an langen, dünnen „Schnüren". Das sind Ausläufer mit ihren „Kindeln", mit denen sich die Pflanze vermehrt. Damit die Mutterpflanze kräftig bleibt, werden die Ausläufer aber entfernt. Doch sind sie viel zu schade zum Wegwerfen. Denn aus ihnen entstehen ja wieder neue Pflanzen. Die sind vielleicht der Renner beim nächsten Garten-Basar oder Kita-Fest.

Wenn die Ausläufer Wurzeln im Boden gebildet haben, schneiden die Kinder die langen Triebe von der Mutterpflanze ab und graben die kleinen Pflänzchen, also die „Kindel" ganz vorsichtig mit der Wurzel aus. Die kräftigsten und gesündesten pflanzen sie in kleine Töpfe, die am besten mit einer guten Pflanz- oder Blumenerde gefüllt sind. Werden diese kleinen Pflänzchen regelmäßig feucht gehalten, entwickeln sie sich schnell zu neuen, kräftigen Pflanzen, die dann wieder in ein Beet gepflanzt werden können. Nach drei bis vier Jahren sollten die bestehenden Erdbeerpflanzen ohnehin ausgetauscht werden.

Salat für den Winter aussäen

Tatsächlich – sogar im Winter gibt es Salat zu ernten. Feldsalat oder Rapunzel, wie er auch heißt, ist leicht zu kultivieren und liefert in der kalten Jahreszeit viele Vitamine. Außerdem bedeckt er den Boden und verhindert, dass nur Unkraut wächst. Vorausgesetzt, die Sommergartenkinder denken rechtzeitig daran, ihn auszusäen. Im August ist der richtige Zeitpunkt dafür.

Die Kinder säen den Salat auf Beete, die bereits abgeerntet sind, wo zum Beispiel vorher Radieschen, Kohlrabi oder Karotten standen. Die restlichen Nährstoffe im Boden reichen dem Feldsalat, um bis zum Winter heranzuwachsen. Ab Oktober können die Kinder bereits ernten.

Tipps: 🍀 Feldsalat kann das ganze Jahr über ausgesät werden. Er ist ein idealer Lückenfüller für abgeräumte Beete. 🍀 Ende August/Anfang September kann auch Spinat oder Portulak für die Herbsternte ausgesät werden.

ENDE AUGUST/ ANFANG SEPTEMBER

MATERIAL

- Samen von Feldsalat

DAZU PASST:
Rapunzel schmeckt im Herbst, S. 83

Sommer

Gartenkinder machen keine Pause

Gießen, jäten, abschneiden

Jede Woche blühen neue Blumen im Garten. Außer Gießen und Unkrautjäten haben die Gartenkinder noch eine andere wichtige Aufgabe: Die verblühten Pflanzenteile abschneiden. Das sorgt dafür, dass die Pflanzen laufend neue Blüten bilden, was besonders bei den einjährigen Sommerblumen wichtig ist. So können die Sommergärtner auch immer für hübsche Blumensträuße in ihren Räumen sorgen.

Ernten

Außerdem gibt es jetzt laufend neue Früchte zu ernten. Salate, Karotten, Radieschen und Beeren finden den Weg direkt in die Küche. Im Juli sind Erbsen und Bohnen gerade richtig und im August ist die Zeit der Tomaten und Zucchini. Für die Kinder ist es spannend zu sehen, dass aus den kleinen Samenkörnern und zarten jungen Pflänzchen kräftige Pflanzen und sogar Früchte herangewachsen sind.

Wer bin ich?

Jede Pflanze hat ihren eigenen Namen. Manche sogar mehrere, die sich von Region zu Region unterscheiden. Manchmal ist es aber gar nicht so einfach, den Überblick zu behalten. Leichter geht es, wenn ein besonderes Erkennungsmerkmal, der Bezug zu Heilkräften, zur Jahres- oder zur Blütezeit im Pflanzennamen auftauchen. Einige haben sogar ganz lustige Namen, bei denen die Kinder raten können, woher sie die wohl haben könnten.

Beinwell	Wurde bei Knochenbrüchen und Wunden als Heilpflanze genutzt
Christrose	Blütezeit im Winter, um Weihnachten herum
Fuchsschwanz	Sommerblume mit langer roter Blütenrispe
Hahnenfuss	Blattform erinnert an den Fuß eines Hahnes
Katzenminze	Katzen werden vom Geruch magisch angezogen und liegen mit Vorliebe in den Pflanzen
Löwenmäulchen	Sommerblume, die Blüte öffnet sich beim Zusammendrücken wie ein Löwenschlund
Maiglöckchen	Blütezeit im Mai
Märzenbecher	Blütezeit im März/April
Ringelblume	Die Samen der Pflanze ringeln sich etwas zusammen
Schlafmützchen	Kelchblätter schieben sich beim Öffnen der zusammengerollten Blüte nach oben. Die Blüte sieht aus, als ob sie eine Schlafmütze trägt
Schneeglöckchen	Einer der ersten Frühlingsblüher, blüht sogar im Schnee
Sonnenblume	Blüten erinnern an Sonnen. Blütenköpfe richten sich nach dem Lauf der Sonne
Storchschnabel	Fruchtstand der abgeblühten Blüte erinnert an den Schnabel eines Storches
Winterling	Einer der ersten Frühlingsblüher, auch im Schnee

Tipps: ❋ Die Kinder malen Schilder für die Pflanzen, die sie in die Beete setzen wollen oder die sie schon im Garten entdecken können. Bei manchen inspirieren die Eigenschaften der Pflanzen oder Namensteile bestimmt zu hübschen Darstellungen mit hohem Wiedererkennungswert. ❋ In Klarsichtfolie verpackt überstehen die Schilder eine Gartensaison. Im nächsten Jahr gibt es dann neue.

Sommergäste im Garten

Draußen haben viele Tiere ihre Wohnung eingerichtet und sind eifrig damit beschäftigt, ihren Nachwuchs aufzuziehen. Deshalb freuen sie sich über einen Garten voller verschiedener Blüten und Früchte, denn das ist für sie wie ein lecker gedeckter Tisch.

Wo wohnen Schnirkelschnecken?

Schnecken, die ihr Haus mit sich herumtragen, sind gern gesehene Gäste im Garten. Im Gegensatz zu Nacktschnecken fressen sie nicht in Scharen das Blumen- und Gemüsebeet ratzfatz kahl. Schnirkelschnecken sind viel bescheidener, denn sie bevorzugen welke Pflanzenreste. Außerdem sehen sie hübsch aus. Ihre Schneckenhäuser sind gelblich mit braunen Bändern gezeichnet oder braun mit hellen Streifen, manchmal auch grünlich-gelb mit hellem Muster. Schnirkelschnecken wohnen also in Häusern, die ganz verschieden aussehen können.

Wozu schleppen die Schnecken ihr Haus mit sich herum?

Auch wenn die Schnecke sonst ziemlich langsam ist, kann sie sich bei Gefahr ganz schnell darin zurückziehen. Dort ist sie vor vielen Feinden geschützt. Auch ihre Organe, also Herz, Lunge, Magen und Nieren sind darin gut verborgen. Wenn es im Sommer richtig heiß ist, reicht es der Schnecke nicht, sich einfach nur in ihr Haus zu verkriechen. Sie sucht sich einen kühlen Platz und verklebt den Eingang zu ihrem Haus mit einer Haut, die wie ein Vorhang wirkt, der sie vor dem Austrocknen schützt. Im Winter schließt die Schnecke ihr Haus fest mit einer Schicht aus Kalk zu und verabschiedet sich bis zum Frühling in die Winterstarre.

Sommergäste im Garten

Die schleimige Schneckenstraße

Die Kinder betrachten die Schnecken, wenn sie über Wege und Steinflächen kriechen. Dort hinterlassen die kleinen Tiere silbrig glänzende Linien. Das ist der Schleim, den sie selbst produzieren, und der den Schnecken hilft, unverletzt über raue Flächen zu kommen. So gleiten sie gemächlich auf einer selbstgemachten Straße vorwärts.

Zum Beobachten suchen die Kinder nach Schnirkelschnecken. Die finden sie oft an einem schattigen, feuchten Unterschlupf. Gerne sitzen sie unter leeren Blumentöpfen. Ganz häufig sind die nachtaktiven Tiere auch am Morgen nach einem Regenguss im Gras unterwegs. Die Kinder lassen die Schnecken über eine Glasplatte oder in einer Glasschüssel kriechen. So können sie die Bewegungen und die Schleimspur der Schnecken gut beobachten. Nach ihrem Auftritt darf die Schnecke natürlich zurück in den Garten, am besten an ein geschütztes Plätzchen.

Material
- Glasplatte oder Glasschüssel
- Schnirkelschnecke

Durstige Vögel

Mit etwas Glück haben Vögel in Bäumen oder Sträuchern im Kita-Garten ein Nest gebaut. Nun sind sie eilig unterwegs, um genügend Leckerbissen für ihren Nachwuchs zu besorgen. Auf ihrem Speisezettel stehen zum Beispiel Maden, Würmer und Schnecken. Das wiederum sind Gartengäste, die im Garten nicht allzu willkommen sind, weil sie Pflanzen und Früchte anknabbern. Damit sich die Vögel aber richtig wohlfühlen und gerne kommen, brauchen sie nicht nur genug zu essen, sondern auch ausreichend zu trinken. Deshalb sorgen die Kinder zusätzlich für eine Vogeltränke im Garten.

Eine flache Schale, die immer wieder mit Wasser gefüllt wird, ist den Vögeln als Tränke am liebsten. Wenn es ihnen ganz besonders gut gefällt, nehmen sie an heißen Tagen auch ein Bad darin. Mit etwas Glück und Ruhe können die Kinder die gefiederten Freunde vielleicht dabei beobachten.

Tipp: Die Vogeltränke etwas erhöht und an einem geschützten Platz, zum Beispiel in der Nähe von Bäumen oder Sträuchern aufstellen. Am besten dort, wo die Kinder auch von drinnen einen guten Blick darauf haben.

Herbstleuchten

Herbstschätze entdecken

Draußen wird es langsam kühler und die Tage sind wieder kürzer. Der 20./23. September gilt als Beginn des Herbstes. Dies ist der Zeitpunkt der Tag-und-Nacht-Gleiche. An diesem Tag ist es genauso lange hell wie es dunkel ist.

Die Farben in der Natur verändern sich. In den Beeten leuchten Blumen in orangen, gelben, dunkelroten und violetten Tönen. Viele Bäume und Sträucher tragen Früchte – ein Festmahl für Vögel, Igel und viele andere Tiere. Das Laub der Bäume ist tief dunkelgrün, bevor die Herbstfärbung die Blätter in feurig bunte Farben taucht. Schon bald sehen Bäume und Sträucher aus, als hätten sie sich ein gelbes, rotes oder orangefarbenes Kleid übergestreift.

In den Bäumen sitzen Vogelschwärme, die sich laut zwitschernd für ihre Reise in den Süden sammeln. Dabei veranstalten sie manchmal einen ordentlichen Radau, besonders dann, wenn sie sich aufschwingen und eilig durch den herbstlichen Himmel flattern. Manchmal sehen sie aus, wie eine wilde, fliegende Tanzgruppe.

Wenn es draußen bunte Blätter regnet, breiten sich auf Bürgersteigen, Wegen, Wiesen und im Garten Teppiche von Laub aus. Kein Blatt gleicht dem anderen, und so einladend wie sie da fliegen und liegen, hat es den Anschein, als ob sie noch ein bisschen mit nach drinnen kommen und ihre warmen Farben auch hinter den Fenstern verteilen wollen.

Herbst

Das Innenleben der Früchte

September / Oktober

Material
- Früchte von verschiedenen Bäumen oder Sträuchern
- Messer

Dazu passt:

Blättermemory, S. 72

Im Herbst ist Erntezeit und jetzt hängen nicht nur Äpfel und Birnen an den Bäumen. Auch die Sträucher und Bäume am Wegrand, in Parks und in der Flur tragen bunte Früchte. Wenn Hagebutten, Haselnüsse, Eicheln, Kastanien, Bucheckern, Schlehen, Sanddorn und viele andere Wildgehölzfrüchte reif sind, ist das für die Tiere der Natur wie ein reich gedeckter Tisch, an dem sie sich so richtig satt essen können. Doch die Früchte haben noch eine andere Aufgabe. Sie umschließen die Samen, mit denen sich die Pflanzen vermehren. Wo die genau sitzen und wie sie aussehen, erkennen die Kinder am besten, wenn sie sich einmal das Innere der Früchte anschauen.

Die Kinder sammeln auf einem Spaziergang oder im Garten verschiedene Früchte von Gehölzen. Die Spielleitung schneidet die Früchte auf und gemeinsam betrachten die Kinder das Innenleben mit den verschiedenen Formen der Samen. Bei Kastanien entdecken sie zum Beispiel den Samen für eine neue Kastanie, der aussieht, wie eine winzig kleine, weiße Kastanienfrucht.

Tipps: ❋ Die Kinder sammeln zu den Früchten auch gleich ein Blatt oder einen kleinen Zweig. Die Spielleitung erklärt die Namen der Pflanzen und die Kinder ordnen die Früchte den passenden Blättern zu. Bei Unsicherheiten in der Bestimmung hilft ein Bestimmungsbuch. ❋ Die Kinder pflanzen eine Haselnuss oder eine Kastanie in einen Blumentopf oder draußen im Garten ein und sorgen dafür, dass die Erde nicht austrocknet. Mit etwas Glück keimt die Frucht.

Holundertinte

Zu Beginn des Herbstes reifen die schwarzglänzenden Beeren der magischen Holundersträucher. Sie ergeben gekocht einen leckeren und vitaminreichen Saft. Wenn die Kinder die Beeren aber lieber den Vögeln überlassen, ernten sie nur eine Handvoll davon und machen daraus eigene Tinte.

Achtung! Die Beeren sind roh ungenießbar und dürfen nicht gegessen werden. Außerdem färben sie stark. Beim Verarbeiten deshalb am besten Malkittel anziehen.

Die Kinder streifen die Beeren mit der Gabel von den Dolden. In einer Schüssel zerdrücken sie die kleinen Kugeln mit der Gabel, bis der Saft ausgetreten ist. Den schütten sie vorsichtig durch ein Sieb in ein Glas mit Schraubdeckel. Fertig ist die Holundertinte, die schnell verwendet werden muss oder einige Tage im Kühlschrank aufbewahrt werden kann.

Am besten schreibt es sich mit Federkielen oder Glasfedern. Die jüngeren Kinder verwenden Pinsel. Die Werke verblassen allerdings nach kurzer Zeit wie von Zauberhand. Kein Wunder, bei einer Pflanze, der magische Kräfte zugeschrieben wurden.

SEPTEMBER

MATERIAL

- Malkittel
- einige Dolden reife Holunderbeeren
- 1 kleine Schüssel
- Sieb, Gabel
- 1 Glas mit Schraubdeckel zum Aufbewahren
- Papier, Pinsel, Federkiel oder Glasfeder

DAZU PASST:

Aus Pflanzen werden Farben, S. 46

Schwarzer Holunder mit magischen Kräften, S. 44

Herbst

Kürbisknabberei

SEPTEMBER / OKTOBER

Kürbisse gehören zum Herbst. Die meisten der dicken, leuchtend orangen und gelben Früchte sind ab September bereit zur Ernte. Der richtige Zeitpunkt dafür ist dann, wenn der Kürbis beim Anklopfen hohl klingt und sein Stiel am oberen Ende etwas trocken ist. Die Kürbisernte beschert den Kindern eine Fülle an Aufgaben und Entdeckungen, denn sie können alle Teile davon verwenden. Der ausgehöhlte Kürbis bekommt ein Gesicht in den Bauch geschnitzt und wird in der Dunkelheit zum leuchtenden Wegweiser. Aus dem Fruchtfleisch lässt sich eine leckere Kürbissuppe kochen. Und die Kerne? Die werden zu einer leckeren Knabberei.

ZUTATEN:

- Speisekürbis, z. B. Hokkaido
- Schüssel
- Wasser
- Backblech, evtl. Backpapier, Backofen
- evtl. Kräuter oder Salz, Gläser mit Schraubverschluss

Vorbereitungszeit: Die Kerne einige Stunden in Wasser einweichen.

Die Kinder verwenden das Fruchtfleisch von einem ausgehöhlten oder aufgeschnittenen Kürbis. Mit den Fingern lösen sie die Kerne heraus, legen sie in eine Schüssel und gießen so viel Wasser auf, dass alle gut bedeckt sind. Damit sich die faserigen Fruchtreste lösen, bleiben die Kerne über Nacht so stehen. Am nächsten Tag gießen die Kinder das Wasser ab, befreien die Kerne sorgfältig von den restlichen Fruchtfasern und legen sie auf ein Backblech. Die Spielleitung heizt den Backofen auf 180°C vor und schiebt das Blech für ungefähr 10 Minuten hinein. Wenn die Kürbiskerne leicht bräunen, werden die Kerne gewendet und weitere 10 Minuten geröstet. Die fertigen Kerne kühlen etwas ab und können mit Salz oder Kräutern vermischt werden. Zum Aufbewahren eignen sich Schraubgläser.

Tipps: 🍀 Die Kerne können an der Luft getrocknet und im Frühjahr ausgesät werden. 🍀 **Achtung:** Welche Kürbisart im nächsten Jahr aus dem Samen entsteht, ist nicht sicher, denn durch die Bestäubung können Kreuzungen, zum Beispiel mit Zierkürbissen entstehen, die nicht essbar sind. Die neuen Früchte sollten deshalb nicht gegessen werden. Zur Samenanzucht von Kürbissen zum Verzehr ausschließlich gekauftes Saatgut verwenden.

DAZU PASST:

Sommer auf der Fensterbank, S. 26

Herbstschätze entdecken

Lachende Bäume

Der Herbst färbt alles bunt und an den Wegrändern stehen Gräser, Blüten und Fruchtstände von Blumen, die in der Sonne leuchten. Genügend Material also, dem Lieblingsbaum im Garten oder in der Straße ein lachendes Gesicht zu geben. Das entschädigt ihn vielleicht ein bisschen dafür, dass er bald seine Blätter verliert. So kann er trotzdem fröhlich in den Winter gehen und die Kinder in die nächste Jahreszeit begleiten.

Die Kinder wählen gemeinsam einen Baum aus, dem sie ein Gesicht geben wollen. Der Stamm sollte möglichst dick sein. Mit Ton formen die Kinder Augen, Nase, Mund, und alles, was zu einem fantasievollen Gesicht gehört, und drücken diese Teile am Stamm fest. Das geht gut in Rinde, die schon Furchen hat. Manchmal klebt der Ton auch mit etwas Wasser besser am Stamm. Ganz nach Lust und Laune verzieren die Kinder dieses Gesicht mit Früchten, Blättern und Blüten. Eine Schnur um den Stamm erleichtert es, einen bunten Kopfschmuck aus Zweigen und Blüten daran zu befestigen. Hier geht die Fantasie sehr schnell auf eine große Entdeckungsreise und aus dem Baum wird ein gemeinsamer Freund mit lachendem Gesicht.

Tipps: ❀ Die Kinder sammeln auf einer gemeinsamen Wanderung die Materialien für ihren Baumfreund. ❀ Der Baum begleitet die Kinder durch die Jahreszeiten. Im Frühling und im Sommer bekommt er dann vielleicht eine neue Frisur, die auch zu seinem veränderten Blätter- und Blütenkleid passt.

SEPTEMBER / OKTOBER UND DAS GANZE JAHR ÜBER

MATERIAL

- Ton
- evtl. etwas Wasser
- pflanzliches Material vom Wegrand und der Wiese, wie Blüten- und Fruchtstände, Gräser
- kleine Früchte, bunte Blätter, Halme usw.
- nach Belieben Naturbast, Schnüre

Herbst

OKTOBER

DAZU PASST:

Da sind die Blüten platt, S. 41

Weihnachtskarten aus der Schatzkammer, S. 95

Blätter pressen

Draußen haben die Bäume und Sträucher ihre Blätter bunt gefärbt. Jetzt ist eine gute Gelegenheit, sich das schöne Herbstlaub zum Basteln und Spielen nach drinnen zu holen. Warme Zimmerluft lässt die Herbstblätter aber schnell zusammenrollen. Gepresst behalten sie ihre schönen Formen und Farben besser.

Die Kinder breiten die gesammelten Herbstblätter so zwischen mehrere Lagen Zeitungspapier oder Küchenkrepp aus, dass sich die einzelnen Blätter nicht überlappen. Die oberste Zeitungsschicht bekommt eine schwere Last, zum Beispiel aus Büchern oder Ähnlichem, die dafür sorgt, dass die Blätter schön platt gedrückt werden. Nach drei bis vier Tagen ist das Laub genügend getrocknet und gepresst, und die Kinder können den Herbstzauber mit verschiedenen Basteleien auch drinnen verbreiten.

Ein tanzender Blättervorhang

MATERIAL

- gepresste und getrocknete Blätter mit Stiel, z. B. von Ahorn-, Platanen- oder Eichenbäumen
- Nylonschnüre in gewünschter Länge
- Reißnägel, alternativ ein möglichst gerader Ast oder ein Bambusstab

Tanzende bunte Blätter zaubern den Herbst nach drinnen. Was eignet sich dazu besser als ein federleichter Laubvorhang, der bei jedem Luftzug in Bewegung gerät? Er kann das Fenster schmücken, den Raum teilen oder eine gemütliche Herbstecke abgrenzen. Besonders schön sieht der Vorhang mit verschiedenen Blattformen aus.

Die Nylonschnüre sind die unsichtbaren Fäden, an denen die Blätter tanzen. Die Kinder schneiden sie etwa gleichlang ab. Dabei bekommen die Schnüre etwas mehr Länge als der fertige Vorhang. Jedes Blatt wird mit seinem Stiel an der Schnur festgeknotet. Zwischen den einzelnen Blättern bleiben Abstände, die ruhig ganz unregelmäßig sein dürfen. Besonders geschickte Finger knoten das obere Ende jeder Schnur um einen Reißnagel. Der wird dann an der Decke oder im Fensterausschnitt befestigt. Zwischen den einzelnen Schnüren bleibt ein Abstand von ungefähr zwanzig Zentimetern, so bleibt den Blättern genügend Platz zum Tanzen.

Variante:
Schön ist auch die Variante, die Schnüre an einen Ast oder Stock zu knoten. Der kann dann wie ein Mobile an einer Schnur von der Decke schweben.

Herbstschätze entdecken

Luftige Blätter-Drachen

Der Wind bläst und die Blätter wirbeln durch die herbstliche Luft. Höchste Zeit für einen Blätterdrachen aus buntem Laub. Am besten eignen sich dafür möglichst große und breite Blätter mit einem starken Stiel, zum Beispiel von Platanen oder Ahornbäumen. Damit lässt es sich sehr gut durch den Herbstwind rennen. Je schneller, desto besser, denn dann beginnen die Blätter an der Schnur durch die Lüfte zu schweben.

Aus dem Papier schneiden die Kinder schmale Bänder zu und knoten oder kleben zwei bis drei davon an die Stiele der Blätter. Am unteren Ende der Stiele befestigen sie eine lange Schnur. Die muss so lang sein, dass die Kinder die Blätterdrachen hinter sich her segeln lassen können.

Variante: Blätterschlange
Dafür binden die Kinder mehrere Blätter hintereinander an den Stielen zusammen. Die Blätterschlange raschelt, wenn sie von den Kindern über den Boden gezogen wird. Dabei entstehen ganz unterschiedliche Geräusche, je nachdem, ob die Schlange draußen über das Gras, über Steinplatten oder drinnen über glatten Boden kriecht.

OKTOBER

MATERIAL
- Große Laubblätter, zum Beispiel von Platanen oder Ahornbäumen
- Krepp- oder Seidenpapier
- Schnur
- Klebestreifen
- Schere

Fantastische Blätterwesen

Die vielen verschiedenen Formen der Blätter kitzeln die Fantasie. Und schon fügen sie sich zu neuen Gestalten zusammen.

Die Kinder legen die Blätter zu fantastisch-wilden Figuren und kleben sie auf dem Papier fest. Manche ergeben sich ganz alleine aus den Laubformen, andere möchten die Kinder vielleicht noch mit Zeichnungen und Farben ergänzen. Daraus entsteht schnell eine Galerie der fantastischen Herbstblätterwesen.

MATERIAL
- Verschiedene gepresste Herbstblätter
- Papier
- Kleber
- Stifte

Herbst

Oktober / November

Blättermemory

Wie sieht doch gleich noch mal ein Lindenblatt aus? Und was unterscheidet es von den Ahornblättern? Mit einem Blättermemory vergessen es die Kinder bestimmt nicht mehr so schnell. Denn hier gilt es genau hinzuschauen, dann sind die wichtigen Unterschiede ganz leicht zu erkennen. Manche Blätter haben zwar eine ähnliche Form, aber unterschiedliche Ränder, wie zum Beispiel die Buche und die Hainbuche. So hat die Hainbuche viele kleine Zähnchen (in der Botanik heißt das „gesägt") am Blattrand, die Buche ist dagegen ganz glatt. Beim Basteln entdecken die Kinder auch, dass sich sogar die Blätter vom gleichen Baum in manchen Kleinigkeiten unterscheiden, die erst auf den zweiten Blick erkennbar sind.

Die Kinder kleben jeweils ein Blatt auf eine Karte. Für jede Baumart gibt es zwei Karten mit gleichen Blättern. Die Spielleitung oder größere Kinder beschriften die Karten mit den Namen der Bäume. Und schon kann das Memory-Spiel losgehen.

Variante für Größere:
Für besonders neugierige Bauminteressierte klebt auf einer Karte ein Blatt im grünen Zustand, auf der dazugehörigen anderen Karte das Blatt in seiner Herbstfarbe, also in Gelb, Braun oder Rot.

Material
- Karten aus festem Papier oder Karton ca. 10 x 15 cm
- Blätter oder Nadeln von verschiedenen Bäumen (je zwei pro Baumart)
- Kleber
- Stifte
- evtl. Bestimmungsbuch

Tipps: ❀ Zur sicheren Bestimmung der Baumarten ist unter Umständen ein Bestimmungsbuch nützlich. ❀ Wenn die Kinder die Blätter für das Memory rund um die Einrichtung sammeln, können sie die Bäume im Lauf des Jahres immer wieder beobachten und die charakteristischen Blüten, Früchte oder Samen davon bewusst entdecken und den Karten zuordnen.

Blätter wie gedruckt

Blätter haben nicht nur verschiedene Größen und Formen, auch ihre Oberflächen fühlen sich ganz unterschiedlich an. Manches Laub ist ganz rau, anderes glatt, manche Blätter haben sogar eine raue und eine glatte Seite und es gibt dicke und zarte Blattrippen. All diese schönen Formen und Strukturen machen die Blätter zu einem wunderbaren Material für das Bedrucken von Papier und Karten.

Mit dem Pinsel bestreichen die Kinder die Rückseite eines Blattes gleichmäßig und satt mit Farbe. Diese bestrichene Farbseite legen sie auf die Karte oder das Papier und fahren mit der Malerrolle einige Male vorsichtig über das Blatt. Dabei ist es ganz hilfreich, das Blatt etwas festzuhalten, damit es nicht verrutscht und die Farbe schön gleichmäßig auf das Papier kommt. Die Kinder lösen das Laubblatt vorsichtig ab, die Form und Struktur ist jetzt gut als farbiger Abdruck sichtbar. Jetzt muss die Farbe nur noch trocknen.

Tipps: ❀ Je kräftiger und strukturierter die Blätter, desto besser ist das Ergebnis. ❀ Karten mit Blätterdrucken eignen sich gut als Geschenk zu Weihnachten oder für den nächsten Basar.

Oktober / November

Material

- Laubblätter, gepresst oder frisch
- Wasser- oder Fingerfarbe
- Pinsel
- kleine Malerrollen aus Schaumstoff
- Karten oder festes Papier zum Bedrucken

Herbst

September / Oktober

Hagebutten – der Schmuck aus Rosen

Unter den vielen Früchten leuchten in der Herbstsonne die kugeligen roten Hagebutten besonders hervor. Sie sind die Früchte, die aus Rosenblüten entstehen – kein Wunder, dass sie so hübsch sind. Das bedeutet aber auch, dass sie an stacheligen Zweigen sitzen. Zum Abschneiden also unbedingt Handschuhe anziehen. Dann lassen sich daraus Hagebuttenketten basteln, die ein schöner Schmuck sind, um die Herbststimmung mit nach drinnen zu nehmen.

Die Kinder sammeln draußen Hagebutten. Die finden sie am besten an Wildrosen in der Natur oder an ungefüllt blühenden Rosensorten im Garten. Für eine Kette entfernen die Kinder die Stiele von den Hagebutten. Mit Hilfe der Spielleitung fädeln sie die Schnur auf die Nadel.

Nun sind kräftige Finger gefragt, um die Hagebutten mit der Nadel zu durchbohren und die Früchte dicht an dicht auf die Schnur aufzureihen. Am besten geht das am oberen Ende, knapp unter dem schwarzen Käppchen. Die fertigen Ketten hängen die Kinder ans Fenster oder in den Raum.

Material

- Hagebutten
- Scheren
- stumpfe Nadel
- dünne, feste Schnur

Herbstschätze entdecken 75

Gruselige Matschgeister

Schmuddelwetter kommt gerade recht. Denn dann ist es draußen richtig matschig. Das ist ein guter Zeitpunkt, kleine lehmige Geister zu basteln. Zusammen mit Blättern, Zweigen, Früchten und Steinchen kann es nämlich richtig gruselig werden. Den Matsch vorher gut mit etwas Wasser zu durchmengen macht bestimmt allen großen Spaß.

Achtung: Hier wird nach Herzenslust gematscht, da kommt die Matschkleidung zu vollem Einsatz.

Die Kinder holen sich von draußen in einem Eimer Erde und sammeln in einem Extra-Korb Gräser, Blätter, kleine Steine, Früchte und alles, was sich für ein Matschgeistergesicht eignet. Im Eimer vermischen sie die Erde mit etwas Wasser, gerade so viel, dass eine stabile Masse daraus entsteht. Die Kinder formen daraus Geisterköpfe in Tennisballgröße und geben ihnen mit den Naturmaterialien ein richtig gruseliges Gesicht. Die fertigen Matschgeister trocknen nun über Nacht, damit sie ihre Form behalten.

Tipps: ❋ Wenn die Erde aus dem Garten nicht lehmig und wenig strukturstabil ist, etwas Tonpulver untermischen, damit sich die Köpfe gut formen lassen.
❋ Die Köpfe können auch um einen kurzen Holzstock herum geformt werden. So entsteht sogar ein kleines Geistertheater.

Herbst / auch das ganze Jahr über

Material

- Eimer
- Korb o. Ä.
- möglichst lehmige Erde
- Wasser
- Naturmaterialien vom Wegrand

Flitzende Nussmäuse

Herbst / Winter

Material
- Walnüsse
- Nussknacker
- Wasserfarben oder Filzstifte
- Wolle, Bänder, Filz u. Ä.
- Kleber
- Murmel

Wer kann diese Rätsel-Nuss knacken? Gesucht ist eine Frucht, deren Name mit dem eines riesigen Meerestieres beginnt und die im Herbst von großen Bäumen fällt. Das kann ja nur die Walnuss sein. Sie hat allerdings nichts mit Walfischen zu tun, vielmehr lässt sie sich in kleine Mäuse verwandeln.

Die Walnüsse müssen so mit dem Nussknacker geöffnet werden, dass zwei unbeschädigte Hälften entstehen. Die Nüsse im Inneren sind zum Knabbern, die Schalen zum Basteln. Die Kinder malen mit Filzstift oder Wasserfarben Gesichter auf das spitze Ende der Nusshälfte. Links und rechts davon werden kurze Wollfäden zu Schnurrhaaren festgeklebt.

Die restliche Oberfläche bemalen oder bekleben die Kinder mit Bändern, Stoff oder anderen Materialien. Für das Mäuseschwänzchen kleben sie einen Wollfaden an das runde Ende der Nuss. Mit einer Murmel, die unter den Bauch der Nussmaus geschoben wird, lassen die Kinder die Mäusefamilie über den Boden flitzen.

Variante für größere Kinder: Segelboote Modell Nussschale
Die Kinder schneiden kleine Dreiecke aus Papier aus und kleben sie an kurze Holzstückchen. Diese befestigen sie mit Knete oder mit flüssigem Wachs im Inneren der Nussschale. In einer Wasserschüssel schicken die Kinder die kleinen Segelboote auf die Fahrt.

Dazu passt:

Zapfen voller Leckerbissen, S. 106

Was gibt es wann im Herbstgarten zu tun?

September / Oktober

Samen von Sommerblumen und Kräutern **sammeln** und **verpacken**

Blumenzwiebeln **pflanzen**

den ganzen Herbst über

Hyazinthen im Glas **vorziehen**

Oktober / November

Herbst- und Wintersalate **ernten**

Herbstlaub auf die Beete **verteilen**

Frostempfindliche Topfpflanzen **nach drinnen bringen**

Igelunterschlupf **aufschichten**

Gartenwerkzeug **saubermachen** und **aufräumen**

Matschig gewordene Stauden und Blütenstände **abschneiden**

Herbst

September / Oktober

Material
- Fruchtstände von Sommerblumen
- Schere
- feines Sieb
- kleine Papiertüten oder Butterbrotbeutel
- Klebestreifen oder Büroklammern

Dazu passt:

Schlafsäckchen für Samentütchen, S. 79

Schmuddelecken zu Schatzkammern, S. 32

Fliegende Samenkugeln für wildes Gärtnern, S. 34

Samenkörner kommen in die Tüte

Die Herbstgartenkinder haben im Frühling viele einjährige Sommerblumen ausgesät. Diese Blumen erfrieren im Winter, bilden dafür aber vorher viele Samen, die im nächsten Jahr wieder zu bunten Blumen heranwachsen. Deshalb zupfen die Kinder nicht mehr alles Verwelkte von den Sommerblumenpflanzen ab, sondern beobachten, wie sich aus den abgeblühten Blütenständen Fruchtkörper entwickeln. Darin stecken die Samenkörner, und die sammeln die Kinder, um sie für das nächste Gartenjahr aufzubewahren und im Frühling wieder neu auszusäen.

Das eignet sich besonders gut: Ringelblumen, Sonnenblumen, Trichterwinde, Wicken, Feuerbohnen, Kapuzinerkresse, aber auch Kräuter wie Dill oder sogar Gartenfrüchte wie Tomaten und viele mehr.

Die Kinder schneiden die Fruchtstände am besten bei trockenem Wetter ab und legen sie getrennt nach Blumenarten auf eine Arbeitsfläche. Vorsichtig öffnen sie die jeweiligen Fruchtkörper. Meist fallen die Samenkörner dann schon heraus. Um die Körnchen von den Resten der Blüten- oder Fruchthüllen zu trennen, schütten die Kinder die Samen durch ein Sieb. Dabei achten sie darauf, die Pflanzen nicht durcheinanderzubringen.

Zum Aufbewahren füllen die Kinder die Samen getrennt nach Pflanzenart jeweils in eigene Tütchen, auf denen der Name oder ein Bild der jeweiligen Pflanze dafür sorgt, dass nichts durcheinander kommt. Mit Klebestreifen oder Büroklammern verschlossen werden die Samentütchen trocken und dunkel bis zum nächsten Frühling aufbewahrt.

Variante: Die eigene Mischung macht's

Die Kinder vermengen Sommerblumensamen von verschiedenen Pflanzen zu einer eigenen Mischung und vergeben dafür fantasievolle Namen, wie „Gelbe Überraschung", ein „Schlingendes Geheimnis" oder „Gartenkinder-Traumwiese". Die Mischung wird dann in Tütchen abgefüllt, die besonders schön bemalt oder gestaltet sind. Nicht vergessen, die verwendeten Pflanzen darauf aufzulisten.

Tipp: Die Herbstgartenkinder können die Samentütchen bestimmt gut bei einem Fest verkaufen oder als schönes Geschenk der Einrichtung an Eltern, Großeltern, Träger, Elternvertretung und andere Gartenfreunde verwenden.

Herbstgärtnerei

Gut zu wissen:

Der richtige Zeitpunkt für die Ernte der Samen ist dann, wenn die Körner gut ausgereift sind. Das ist daran erkennbar, dass die Blütenblätter abgefallen sind und die übrig gebliebenen Fruchtstände braun und trocken werden. Dann lösen sich die Samen leicht und fast schon von selbst aus ihren Hüllen. Bei Feuerbohnen zum Beispiel sind die Schoten dann gelblich und lassen sich gut öffnen. Ringelblumen geben kleine rundlich gewundene Samenkörnchen aus den abgeblühten Köpfchen frei. Die schwarzen, kantigen Samen der Trichterwinde können dann aus ihrer Umhüllung befreit werden, wenn sich die kugeligen Fruchtkörper braun verfärben. Bei Sonnenblumen liegen die Kerne dicht an dicht in der schwarzen Mitte des Blütenstandes. Den schneiden die Kinder ab und lassen ihn ein paar Tage trocknen. Dann lassen sich die Sonnenblumenkerne leicht herausschütteln.

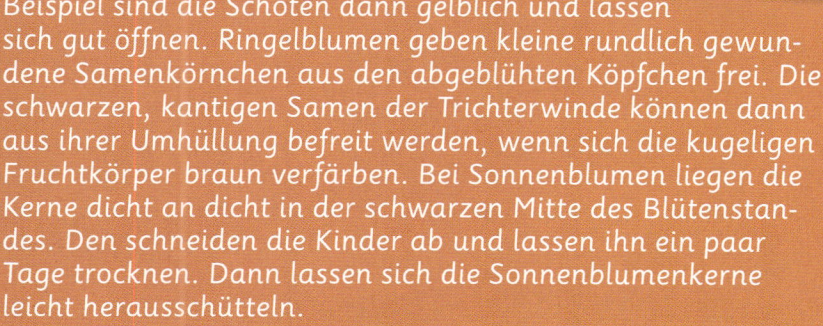

Schlafsäckchen für Samenkörner

Samenkörnchen werden am besten in Papiertüten aufbewahrt, wo sie vor Licht und Feuchtigkeit geschützt sind. Kreative Gartenkinder basteln ihre bunten Samentütchen selbst und bemalen oder beschriften sie. So wissen sie im nächsten Frühling ganz genau, wo welche Samen aufbewahrt sind.

Die Kinder legen das Papier so, dass die Spitzen jeweils nach unten und oben zeigen und falten es einmal zur Mitte. Sie klappen es wieder auf und falten die linke und rechte Hälfte so zur Mitte, dass sich die Spitzen am unteren Ende treffen und eine Tüte entsteht. Dabei lassen sie eine Hälfte etwas über die andere lappen und kleben diese aufeinander fest.

Die fertigen Tütchen bemalen oder beschriften die Kinder oder kleben Bilder der Pflanzen darauf. Wenn die Samenkörnchen eingefüllt sind, falten die Kinder die obere Spitze nach unten und verschließen die Tüte mit zwei Büroklammern oder mit einem Klebestreifen.

September / Oktober

Material

- quadratisches Papier (10 x 10 cm oder größer)
- Stifte
- Klebestreifen oder -stift
- Büroklammern

Herbst

Frühlingsboten im Herbst

SEPTEMBER / OKTOBER

Manche Blumen blühen schon, wenn es noch ziemlich kalt ist und der Frühling gerade so in der Luft liegt. Die meisten dieser Pflanzen gehören zu den Zwiebelblumen, so zum Beispiel Schneeglöckchen, Winterlinge, Krokus, Blausternchen, Tulpen oder Narzissen. Im Winter liegen sie gut verpackt und winzig klein im Inneren einer Zwiebel und können so geschützt die kalte Jahreszeit in der Erde überstehen. Der Herbst ist deshalb der richtige Zeitpunkt diese Frühlingsboten zu pflanzen.

MATERIAL

- verschiedene Blumenzwiebeln
- kleine Hacken oder Schaufeln

Die Kinder graben mit der Hacke Löcher aus, die ungefähr doppelt so tief sind, wie die Blumenzwiebel hoch ist. In jedes Loch legen die Herbstgartenkinder mehrere Blumenzwiebeln hinein. Größere Zwiebeln wie Tulpen und Narzissen kommen zu zweien oder dreien in ein Loch. Bei Schneeglöckchen, Blausternchen, Krokus und anderen kleinen Zwiebeln passen auch gleich fünf oder mehr zusammen in ihr Pflanzbett. Wichtig zu wissen: Die Zwiebeln haben ein „Oben" und ein „Unten". Deshalb legen die Kinder die Zwiebeln mit dem unteren, flachen Ende in den Boden, das spitze Ende zeigt nach oben. Sitzen die Blumenzwiebeln alle in der richtigen Richtung nebeneinander, füllen die Kinder die Erde wieder auf und streichen sie etwas glatt.

Tipps: ❋ Der Platz für die Blumenzwiebeln sollte nicht zu trocken sein. Die Zwiebeln brauchen auch im Winter genügend Feuchtigkeit. ❋ Blumenzwiebeln können auch unter Bäume und Sträucher, in die Wiese oder in kleine, vergessene Ecken gepflanzt werden, die allerdings genügend Regen abbekommen müssen. ❋ Auch in Töpfen und Kästen können Blumenzwiebeln kultiviert werden. Das ist ein schönes Geschenk oder eine Idee für den Herbstbasar. ❋ Besonders schön wirken die Frühlingsboten, wenn mehrere Gruppen der gleichen Blumenzwiebeln nebeneinander gepflanzt werden.

Blumen aus Zwiebeln?

Bei Zwiebelblumen entstehen die Blätter und Blüten im Inneren der Zwiebeln. Die dicken, fleischigen Zwiebelschalen sind die Speicherorgane. Sie sitzen auf dem „Zwiebelkuchen", aus dem nach unten die Wurzeln und nach oben die Stängel und Blätter wachsen. Die braune Schale, die das Äußere umhüllt, schützt die Zwiebeln vor dem Austrocknen und vor schädlichen Pilzsporen.

Schneidet man eine Blumenzwiebel auf, kann man dort schon fast eine fertige Blume erkennen. Damit die im Frühling kräftig heranwächst, muss die Zwiebel im Herbst in die Erde gepflanzt werden. Wenn im Februar oder März die Sonnenstrahlen etwas kräftiger wärmen, ist das für die Blumenzwiebeln das Signal, mit dem Austreiben zu beginnen.

Sind die Blumen verblüht, bleiben die verwelkten Teile so lange wie möglich am Boden liegen, wo sie von selbst verrotten. Die Zwiebeln bleiben in der Erde und sammeln Kraft, um wieder neue Blumen vorzubereiten.

Blumenzwiebeln „wandern": Sie bilden neben der großen „Mutter-Zwiebel" eine neue, kleine „Tochter-Zwiebel" aus. Die wird immer größer und entwickelt bald selbst neue „Tochter-Zwiebeln". So verbreiten sich die Zwiebeln immer weiter und im Lauf der Zeit erscheinen manchmal Frühlingsblumen an Stellen, an denen niemand jemals welche gepflanzt hat. Trotzdem muss man nicht befürchten, dass der ganze Garten nur noch von Blumenzwiebeln überschwemmt wird, denn die alten „Mutter-Zwiebeln" sind nach ein paar Jahren zu schwach und treiben nicht mehr aus.

Wer wacht zuerst auf?

Zu den ersten Frühlingsboten gehören die Winterlinge. Sie trotzen Schnee und Kälte mit ihrer kleinen, gelben, schalenförmigen Blüte und eignen sich gut für Plätze unter Bäumen.

Auch Schneeglöckchen haben ihren Namen von ihrer Blütezeit, denn sie strecken ihre weißen, glöckchenförmigen Blüten aus der Erde, wenn noch Schnee liegt. Deshalb gelten sie als die Boten, die den Frühling „einläuten".

Krokusse lassen dann nicht mehr lange auf sich warten. Wenn sie sich mit ihren gelben, weißen oder violetten, länglichen Blüten herauswagen, ist der Frühling nicht mehr weit.

Tulpen und Narzissen gibt es in vielen verschiedenen Sorten, die zu unterschiedlichen Zeiten blühen. Mit einer guten Mischung verlängert sich die Blütezeit von März bis Mai.

Herbst

Hyazinthen im Glas

DEN GANZEN HERBST ÜBER

MATERIAL
- Hyazinthenzwiebeln (für Zimmerkultur präpariert)
- Hyazinthenglas
- Papierhütchen

Manche Blumenzwiebeln können auch im Zimmer zum Blühen gebracht werden. Hyazinthen eignen sich besonders gut. Sie brauchen dazu nicht einmal Erde, sondern nur ein Glas mit Wasser. Darin können die Kinder besonders gut beobachten, wie sich zuerst die Wurzeln entwickeln und danach die Blüte austreibt.

Die Kinder füllen die Gläser mit Wasser und setzen die Zwiebel auf die Glasöffnung. Wichtig: Der Boden der Zwiebel darf das Wasser nicht berühren, sonst fault die Zwiebel. Die Gläser brauchen zunächst einen kühlen und dunklen Platz. Wenn die langen weißen Wurzeln erscheinen, wandern die Gläser ins Helle und Warme. Dann brauchen die Zwiebeln ein Papierhütchen, das sie vor zu viel Licht schützt. Jetzt beginnen auch Blüten und Blätter auszutreiben und sobald sie größer werden, nehmen ihnen die Kinder die Hütchen ab. Verdunstetes Wasser füllen sie im Glas immer wieder nach. Nach wenigen Wochen beginnen die Hyazinthen zu blühen und den ganzen Raum mit ihrem intensiven Duft zu erfüllen. Wenn die Zwiebel abgeblüht ist, pflanzen die Kinder sie in den Garten.

Tipps: ❋ Es gibt spezielle Hyazinthengläser, die am oberen Ende verschlankt sind, damit die Zwiebel aufliegen kann. Die passenden Papierhütchen sind meist dabei. Marmeladengläser mit einer entsprechend schmalen Öffnung und selbstgebastelte Hütchen eignen sich auch. Einfach einen Halbkreis mit ungefähr 25 cm Durchmesser ausschneiden, zusammendrehen und festkleben. ❋ Beim Arbeiten mit Blumenzwiebeln anschließend immer gründlich Hände waschen.

Variante: Die Hundertköpfige Wasserfee liebt Steine

Für das Vorziehen im Zimmer eignen sich auch Tazetten sehr gut. Sie sind im Herbst in gut sortierten Gartencentern und Gärtnereien erhältlich. Die Kinder füllen eine flache Schale mit Steinen oder mit Sand, setzen die Zwiebeln mit der flachen Seite darauf und füllen so viel Wasser auf, dass der Sand gut durchfeuchtet ist, oder die Steine gerade so im Wasser liegen. Schon nach wenigen Tagen beginnen die Zwiebeln damit, nach unten Wurzeln und nach oben Blätter und Blüten auszubilden.

Die Kinder gießen immer wieder nach, doch die Wurzeln dürfen nicht im Wasser liegen, sondern nur knapp davon berührt werden. Nach drei bis vier Wochen öffnen sich die zierlichen sternförmigen Blüten und verströmen einen intensiven, betörenden Duft. Aus der Zahl der Blüten liest man in China zu Neujahr die Zukunft ab. Dort wird sie auch „Hundertköpfige Wasserfee" genannt.

Herbstgärtnerei

Rapunzel schmeckt im Herbst

OKTOBER

Der Feldsalat – oder Rapunzel – den die Kinder im Spätsommer ausgesät haben, ist ab Oktober bereit zur Ernte. Wenn sie nur die Blätter abzupfen oder mit der Schere abschneiden, wächst der Salat immer wieder neu nach und liefert den Herbstgartenkindern sogar bei Schnee noch frische Blätter voller Vitamine.

Gut zu wissen: Die vielen Namen von Feldsalat

In vielen Gegenden gibt es ganz unterschiedliche Namen für den Feldsalat. So heißt er auch Rapunzel oder Ackersalat, Mäuseöhrchen oder Nüsschen und sogar mit einer Schafszunge werden seine Blätter verglichen und heißt deshalb Schafmäulchensalat. Es gibt noch viel mehr Bezeichnungen, aber vielleicht erfinden die Kinder ja einen eigenen Namen dafür?

Geteilte Sonnenfreude

SEPTEMBER / OKTOBER

Vögel lieben Sonnenblumen, denn sie sind eine wertvolle Futterquelle. Mit Vorliebe picken sie die Kerne aus der dunklen Mitte heraus.

Wenn die Kinder eigene Samen für das nächste Jahr sammeln möchten, schneiden sie nur ein paar wenige der Blütenstände ab und lassen die übrigen am besten so lange wie möglich für die Vögel im Garten stehen, denn aus einer oder zwei Sonnenblumen können die Kinder genügend Material für das nächste Gartenjahr gewinnen. Wollen die Herbstgartenkinder aber Vogelfutter für den Winter sammeln, ernten sie alle Blütenstände, lassen sie ein paar Tage im Zimmer trocknen, lösen die Kerne heraus und bewahren sie dann für die kalte Jahreszeit auf.

Zum besseren Beobachten im Spätsommer können die Kinder die abgeschnittenen Blütenköpfe draußen auch an einen Platz legen, an dem sie den Vögeln beim Körnerpicken gut zusehen können.

DAZU PASST:

Vogelfutter aus dem Blumentopf, S. 105

Samenkörner kommen in die Tüte, S. 78

Die Sonnenkiste, S. 28

Herbst

NOVEMBER

Auf einmal sind die Pflanzen weg

Die Herbstgartenkinder stellen fest, dass viele Pflanzen jetzt ganz welk aussehen. Die Blätter schrumpeln richtig zusammen und einige der schönen bunten Sommerblumen sind ganz verschwunden. Das liegt aber nicht daran, dass die Kinder nicht gut genug für die Pflege gesorgt haben, sondern daran, dass sich die Pflanzen in die Winterruhe verabschieden. Bäume und Sträucher verlieren ihre bunten Blätter und viele Stauden ziehen sich ganz in den Boden zurück. Sie überwintern mit ihren Wurzeln in der Erde und kommen erst im nächsten Frühjahr wieder mit neuen Trieben und Blüten an die Oberfläche. Die Reste davon, die jetzt noch in den Beeten und Hochbeeten stehen, können ruhig dort bleiben. Es genügt, sie erst im Frühjahr abzuschneiden. Matschig gewordene Stauden und Blütenstände können die Kinder bereits abschneiden. Wenn alle Arbeiten auf den Beeten erledigt sind, verabschieden sich die Herbstgartenkinder mit einem Gartenrundgang von ihren Lieblingspflanzen.

Blätter sind kein Abfall

Wenn die Blätter fallen, sind Wege und Spielflächen bald von einem bunten Teppich bedeckt. An vielen Stellen ist das Laub unpraktisch, auf der Straße zum Beispiel, oder auf dem Gehweg. Dort muss es weg. Doch es gibt Stellen im Garten, wo die Blätter sehr hilfreich sind. Denn die Natur hat es so eingerichtet, dass die Blätter Teil eines Kreislaufs sind. In ihnen stecken viele wertvolle Nährstoffe. Wenn das Laub zu Boden fällt und verrottet, gelangen die Nährstoffe in die Erde. Darüber freuen sich die Pflanzen, denn sie brauchen diese Nährstoffe zum gesunden Wachsen.

Auf den Beeten übernehmen die Blätter noch andere wichtige Aufgaben: Sie bedecken den Boden und schützen die unterirdischen Teile der Pflanzen vor Frost. Außerdem bieten sie vielen kleinen Tieren Unterschlupf. Regenwürmer, Marienkäfer, allerkleinste Käfer und Larven, sie alle verbringen den Winter am liebsten unter einer schützenden Decke aus Laub.

Herbstgärtnerei

Eine warme Laubdecke für die Beete

Die Kinder verteilen das Herbstlaub, das sie mit Besen und Rechen von den Wegen und vom Rasen gekehrt haben, auf den Beeten und unter Sträuchern und Bäumen. Im Frühjahr können sie an den ersten warmen Tagen vorsichtig nachsehen, wer es sich alles darunter gemütlich gemacht hat.

HERBST

Das Gartenwerkzeug macht Ferien

Im Herbst verabschieden sich nicht nur die Pflanzen in die Winterruhe. Auch die Gartengeräte können in den Keller oder Schuppen geräumt werden. Aber mit all den feuchten Erd- und Pflanzenresten daran würden die Geräte den Winter über zu rosten beginnen und wären dann nicht mehr lange zu gebrauchen. Deshalb wissen Gartenkinder, dass auch Werkzeug eine gute Pflege braucht, damit es im nächsten Frühling wieder einsatzbereit ist.

Die Kinder entfernen Erdkrümel und Pflanzenreste mit einer groben Bürste oder einem feuchten Tuch. Auch die leeren Blumentöpfe werden vom gröbsten Schmutz, besonders innen, befreit.

Metallteile von den Werkzeugen rosten nicht, wenn sie mit ein paar Tropfen Öl eingerieben werden. Das wirkt wie eine Schutzschicht. Die Gießkannen und der Gartenschlauch haben jetzt nichts mehr zu tun. Sie werden nach drinnen geräumt, denn im Freien würde das Material spröde und rissig werden. Wenn alle Geräte sauber sind, verabschieden sie die Kinder in den Winterschlaf.

OKTOBER / NOVEMBER

MATERIAL

- Gartengeräte (Spaten, Hacken, Scheren, Gießkannen, Töpfe usw.)
- feuchte Lappen
- grobe Bürste (z.B. Wurzelbürste, Drahtbürste)
- (Pflanzen-)Öl

Herbstgäste im Garten

Im Herbst suchen sich viele Tiere einen Unterschlupf, wo sie ungestört den Winter verbringen können. Wie gut, wenn der Garten seinen Gästen einen schönen Platz anbieten kann. Je mehr Hecken, Bäume und Sträucher dort stehen, desto beliebter ist er bei Tieren. Denn jedes Tier hat einen Lieblingsplatz, an dem es die kalte Jahreszeit verbringt.

Ameisen

Wenn es kalt wird, ziehen die Ameisen tief in die Erde um, sehr gerne unter die Wurzeln von großen Bäumen. Dort ist es wärmer als oben, so dass die Königin und ihr Ameisenvolk die kalte Jahreszeit in Ruhe verbringen können.

Marienkäfer

Die gepunkteten Gartenfreunde verkriechen sich unter Moos, Laub, zwischen Mauerspalten und Baumritzen. Außerdem haben die Marienkäfer so etwas wie ein eigenes Frostschutzmittel im Körper, das sie vor dem Erfrieren schützt: Sie kuscheln sich mit bis zu hundert anderen Marienkäfern eng zusammen und halten sich so in der großen Gruppe gegenseitig warm.

Ohrwürmer

Die fleißigen Läusefresser ziehen aus ihren Ohrwurmhotels aus und legen im Herbst noch einmal Eier in kleine Erdspalten ab. Den Winter verbringen sie dann unter Laub- oder Reisighaufen.

Schmetterlinge

Die meisten sterben im ersten Frost. Darum legen sie vorher ihre Eier und Raupen gut geschützt in kleinen Ritzen oder hohlen Pflanzenstängeln ab, wo sie den Winter überstehen können. Aber manche Schmetterlinge, die noch im Puppenstadium sind, lassen sich auch etwas ganz Besonderes einfallen. Sie überwintern an einen Baum geklebt. Damit man sie aber nicht als Schmetterlingspuppe erkennt, tarnen sie sich als trockenes Blatt oder als Zweig.

Herbstgäste im Garten

Eine gemütliche Igelstube

Der Igel ist im Sommer ein treuer Gartenhelfer, denn er vertilgt die Nacktschnecken, die im Garten nicht so willkommen sind. Den Winter möchte er aber ungestört verschlafen. Deshalb frisst er sich jetzt im Herbst ein dickes Fettpolster an. Draußen im Garten bereiten ihm die Kinder nun eine schöne warme Stube vor, wo er sich in den kalten Monaten richtig einigeln kann.

Die Kinder schichten in einer ruhigen Ecke, zum Beispiel unter einem Baum, einen Haufen aus Zweigen und Reisig auf und häufen eine dicke Packung Laub darüber. Ein schattiger Platz ist ideal, damit der Igel im Frühling nicht zu früh aus dem Winterschlaf erwacht, wenn die Sonne die Igelstube erwärmt. Die größeren trockenen Zweige sorgen dafür, dass zwischen dem Laub noch Hohlräume bleiben, in die sich der Igel mit Laub seinen Schlafplatz baut.

Sobald es nachts anhaltend kalt ist, spätestens Mitte November, bezieht der Igel seine Winterstube. Dort verschläft der stachelige Freund den ganzen Winter. Dabei darf er nicht gestört werden. Deshalb lassen die Kinder die Igelpension ganz in Ruhe liegen.

Wenn der Igel im Frühling ausgezogen ist, räumen die Kinder die Reste des Laubhaufens weg. Entweder streuen sie das restliche Laub unter Bäume und Sträucher, wo es verrottet, oder sie verteilen es auf dem Kompost oder in der Biotonne.

Tipp: Die Kinder können gut beobachten, wie das Laub bis zum Frühling verrottet: Die Struktur der Blätter verändert sich und der gesamte Haufen wird kleiner.

OKTOBER / NOVEMBER

MATERIAL

- trockene Zweige und Reisig
- Laub

Wintergeheimnisse

Winterschätze entdecken

Draußen wird es von Tag zu Tag stiller und kahler. Bäume und Sträucher haben ihre Blätter verloren, die Pflanzen in den Beeten haben sich zurückgezogen und mit ihnen sind auch die bunten Farben im Garten verschwunden. Wer sich ein paar Minuten ganz ruhig in den Garten stellt, kann trotzdem winterliche Geräusche hören. Hier und da raschelt es im trockenen Laub auf den Beeten. Vogelgezwitscher ist nur noch wenig zu hören. Dafür rauscht der Wind durch kahle Zweige. Die Natur wird still und verabschiedet sich in den Winterschlaf.

Alles verändert sich, wenn der Frost kommt. Morgens glitzert es zauberhaft, wenn auf den Sträuchern, Bäumen, Feldern und Wiesen der Raureif liegt, und aus Pflanzen und Gräserbüscheln plötzlich erstarrte Figuren werden. Wenn dann der Schnee Einzug hält, verwandelt sich der Garten in eine neue Welt, in der die Räume und Begrenzungen fast verschwinden.

Bis zur Wintersonnwende am 21./22. Dezember wird es täglich früher dunkel. Auch wenn die Adventszeit winterliche Stimmung verbreitet, so steht der Beginn des Winters erst an diesem Tag im Kalender, an dem es so lange dunkel ist, wie an keinem anderen im Jahr. In den darauffolgenden Wochen bleibt es dann jeden Tag schon wieder ein kleines bisschen länger hell. Vielleicht ist die Wintersonnwende eine gute Gelegenheit, das wiederkehrende Licht mit einem Fest zu feiern.

Wer genau hinschaut, entdeckt, dass die Natur auch im Winter schon für das nächste Gartenjahr vorsorgt. An den Zweigen der Bäume und Sträucher sitzen Knospen, in denen neue Blätter und Blüten winzig klein und gut verpackt auf den Frühling warten. Wenn aber draußen alles kahl ist, macht es besonders viel Spaß, sich um Blumen und Pflanzen auf der Fensterbank zu kümmern und sich an den bunten und duftenden Grüßen der Natur zu freuen.

Winter

Der Abdruck verrät den Baum

Herbst / Winter, auch das ganze Jahr über

Die Farben in der Natur werden weniger, doch dafür ist der Blick jetzt für andere Details offen. Die Rinden der Bäume treten in der blatt- und blütenlosen Jahreszeit zum Beispiel viel deutlicher hervor. Jede Baumart trägt ihr eigenes Rindenmuster. Manche sind fast glatt, wie die Buche oder die Birke, andere haben dagegen dick gefurchte Borken, wie Eichen, alte Linden oder Robinien. So kann man die Baumart auch ohne Blätter erkennen. Das lädt zum Detektivspielen ein. Damit sie die Identität der Bäume im Garten oder im Park feststellen, nehmen die Kinder gleich einmal Abdrücke von den Bäumen.

Material

- festes Papier
- dicke Bunt- oder Wachsmalstifte
- evtl. Bestimmungsbuch für Bäume

Die Kinder suchen sich jeweils zu zweit einen Baum aus und fühlen mit den Fingern die Struktur der Rinde. Ein Kind legt das Papier auf den Stamm und hält es fest. Das andere fährt mit dem Stift darüber, bis ein Abdruck der Rinde sichtbar ist. Beim nächsten Baum wechseln sich die Kinder ab. Gemeinsam mit der Spielleitung bestimmen sie den Namen des Baumes und schreiben ihn auf das Blatt. Die Kinder kleben die Rindenabdrücke auf Tonpapier und hängen sie als Steckbriefe oder auch als winterliche Baumgalerie auf.

Tipps: ❁ Die Kinder verwandeln sich in Bäume und basteln Masken aus den Rindenabdrücken. Dafür links und rechts Löcher ins Papier machen, ein Gummiband festknoten und Öffnungen für Augen und Mund ausschneiden. ❁ Aus den Abdrücken ein Baumrinden-Memory basteln.

Dazu passt:

Blättermemory, S. 72

Winterschätze entdecken

Zapfen sind Wetterfrösche

Die Früchte der Nadelbäume sind die Zapfen, die je nach Baumart unterschiedlich aussehen. Fichtenzapfen sind zum Beispiel länglich und schmal, Kiefernzapfen haben dagegen eine eher rundliche Form und grobe Schuppen. Die Zapfen sind die Hülle für die Samen, die gut geschützt zwischen den Schuppen liegen. Wenn die Samen reif sind, fallen sie aus den geöffneten Schuppen heraus auf die Erde. Am richtigen Platz könnten so wieder neue Bäume daraus entstehen. Die Schuppen öffnen sich aber nur bei trockenem und warmem Wetter. Bei Kühle und Feuchtigkeit quellen die holzigen Schuppen etwas auf und sie bleiben geschlossen. Wer also genau hinschaut und die Natur lesen kann, erkennt, ob sich das Wetter ändern wird.

Die Kinder legen oder hängen draußen Zapfen auf. Mehrere Tage oder Wochen hintereinander beobachten sie, ob und wie sich die Zapfen verändern. Die Spielleitung gibt lediglich Hinweise, wie: „Heute scheint die Sonne, wie sehen die Zapfen heute aus?" Sicher erraten die Kinder schnell den Zusammenhang.

Tipps: ❀ Die Kinder biegen Schuppen der Zapfen etwas auseinander und holen die Samen heraus. So unterschiedlich die Zapfenformen der einzelnen Baumarten sind, so verschieden sind auch die Samen. ❀ Tannenzapfen findet man eher selten, denn die Zapfen zerfallen, bevor sie zu Boden fallen. Im Unterschied zu Fichtenzapfen sitzen sie aufrecht auf den Zweigen, die der Fichten hängen nach unten.

Herbst / Winter

Material
- verschiedene Zapfen von Nadelbäumen

Dazu passt:
Zapfen voller Leckerbissen, S. 106

Winter

Äpfel, die zaubern können

ZU JEDER JAHRESZEIT, IN DER ES ÄPFEL GIBT

MATERIAL
- Apfel
- Messer

Im Herbst waren die Äpfel reif. Wie gut, dass sich viele Sorten bis zum Frühjahr lagern lassen. So gibt es auch im Winter frisches, gesundes Obst voller Vitamine. Damit das Apfelessen noch mehr Spaß macht, sorgen Zauberäpfel für Spannung. Denn sie klappen auf scheinbar unerklärliche Weise einfach auseinander. Das Geheimnis liegt im Schnitt. Der ist nämlich kaum zu erkennen.

Was zunächst etwas kompliziert klingt, ist ganz einfach: ❋ Mit dem ersten Schnitt den Apfel von unten quer bis zur Mitte durchschneiden. ❋ Den Apfel um 90° drehen und mit dem zweiten Schnitt vom Stielansatz oben bis zur Mitte durchschneiden. ❋ Die senkrechten Linien, die dabei entstanden sind, jeweils mit einem waagrechten Schnitt verbinden. So tief schneiden, dass die Schnitte bis ins Kernhaus reichen. Jetzt lässt sich der Apfel auseinanderziehen und wieder zusammensetzen.

Duftende Bratäpfel

ZUTATEN:
- Äpfel
- Apfelausstecher
- gehackte Mandeln oder Nüsse, Rosinen, Marzipan, Zimt
- Backblech oder Auflaufform
- Backpapier bzw. Butter für die Form
- Backofen

Apfel, Nuss und Mandelkern, das sind die Zutaten für winterliche Leckereien. Deshalb sind Bratäpfel genau das Richtige, wenn es draußen kalt ist.

Die Spielleitung heizt den Backofen auf 200°C vor und schneidet die Mitte der Äpfel heraus. Die Kinder vermischen die Zutaten zu einer Masse, befüllen die ausgehöhlten Äpfel damit und setzen sie auf ein mit Backpapier ausgelegtes Backblech oder in eine gebutterte Auflaufform. Die Spielleitung schiebt die Form in den Ofen. Dort braten die Äpfel je nach Sorte 20 bis 30 Minuten, bis sie weich sind.

Tipps: ❋ Die Füllung nach Geschmack variieren. Statt Marzipan schmeckt auch Honig oder Fruchtgelee sehr gut. ❋ Ganz besonders gut passt Vanillesoße zum fertigen, warmen Bratapfel.

Winterschätze entdecken

Gespickte Zitrusfrüchte

Jede Jahreszeit hat ihre eigenen Gerüche, die Erinnerungen an Erlebnisse und Stimmungen verankern. Zitrusfrüchte liefern im Winter ganz besondere Düfte. Ihre Schale enthält ätherische Öle, die frei werden, sobald die Oberfläche verletzt wird, also zum Beispiel beim Schälen. Damit sich der feine Duft auch dann im ganzen Raum verbreitet, wenn die Frucht nicht geschält, sondern nur angebohrt wird, hat sich eine schöne Tradition entwickelt. Die Zitrusfrüchte werden mit Gewürznelken gespickt. Dabei entstehen wunderbar würzig-fruchtige Duft- und Schmuckschätze.

Die Kinder zeichnen mit dem Filzstift Muster auf die Frucht. Manche möchten vielleicht auch ihren Anfangsbuchstaben gestalten. Mit der Nadel bohren sie kleine Löcher darauf vor und stecken die Gewürznelken in engem Abstand hinein. Im warmen Zimmer breiten sich die ätherischen Öle schnell zu einem ganz besonderen Duft aus.

Gut zu wissen:
Gewürznelken haben nichts mit Gartennelken zu tun. Sie sind die getrockneten Blütenknospen des Gewürznelkenstrauches, der aus Indonesien kommt. Ihr würziges Aroma passt gut zu Lebkuchen und Plätzchen und gehört deshalb zum typischen Weihnachtsduft.

WINTER

MATERIAL

- Orangen, Zitronen
- Gewürznelken
- Filzstift
- stumpfe Nadel

DAZU PASST:

Leuchtende Mandarinen, S. 94

Pflanzen aus Kernen, S. 100

Winter

Leuchtende Mandarinen

Bei all den süßen Adventsleckereien tut etwas Gesundes zwischendurch ganz gut. Mandarinen zum Beispiel, die kugelige Vitaminlieferanten im Winter sind. Wie alle Zitrusfrüchte enthalten auch ihre Schalen ätherische Öle, die beim Öffnen der Schale frei werden. Deshalb sind sie viel zu schade zum Wegwerfen, wenn ihr fruchtiger Inhalt in die Bäuche der Kinder gewandert ist. Viel besser ist es, sie zu winterlichen Lichtern zu machen. So erfüllen sie den ganzen Raum mit ihrem Duft.

Die Kinder ritzen die Mandarine rundum mit dem Messer ein und achten darauf, nur die Schale durchzuschneiden, nicht das Fruchtfleisch. So lässt sich die obere Schalenhälfte vorsichtig abheben. Die Kinder lösen die Fruchtstücke mit den Fingern heraus. Dabei soll der weiße Stiel am Boden der Schale haften bleiben. Die Mandarinen wandern zur Stärkung gleich in den Mund. Die Spielleitung schmilzt das Wachs im Topf. Sobald es flüssig ist, gießt sie es in die untere Mandarinenhälfte. Der weiße Stiel bleibt als Docht stehen. Die Kinder stellen die fertige Mandarinenkerze vor dem Anzünden auf einen Glasteller oder Untersetzer. So ein Mandarinenlicht leuchtet nicht nur schön durch die Schale hindurch, sondern duftet auch noch wunderbar weihnachtlich.

Tipp: Die obere Schalenhälfte hat keinen eigenen Docht. Wenn keine einzelnen Dochte zur Hand sind, eignet sich auch der Docht aus einem unbenutzten Teelicht. Das Wachs davon kann dann geschmolzen und zum Ausgießen der Mandarinenhälfte benutzt werden.

WINTER

MATERIAL
- Mandarinen
- Messer
- Wachs oder Kerzenreste
- Topf
- Feuerzeug
- Glasteller, Untersetzer

DAZU PASST:

Gespickte Zitrusfrüchte, S. 93

Pflanzen aus Kernen, S. 100

Weihnachtskarten aus der Schatzkammer

Im Laufe des Gartenjahres haben sich sicher viele Fundstücke angesammelt: Gepresste Blumen und Blätter, Samenkörnchen, dünne Zweige, Federn, Samenpäckchen, Pflanzenschildchen und vieles mehr. Dies sind ideale Zutaten für Weihnachtskarten. Zu bunten Collagen zusammengeklebt, erinnern sie Kinder und Eltern an die Erlebnisse im Garten.

Die Kinder räumen die Fundstücke aus ihrer Gartenschatzkiste. Gemeinsam überlegen sie, wann und wo sie ihre Schätze gesammelt haben. Auf den Karten legen sie die Teile zu bunten Collagen zusammen und kleben sie fest. Vielleicht bekommen manche auch noch eine weihnachtliche Verzierung. Sicher freuen sich Eltern und Großeltern über den Wintergruß aus dem Garten.

DEZEMBER

MATERIAL

- Fundstücke aus dem Garten
- Karten aus festem Papier oder Karton
- Kleber

Hustenkekse aus dem Garten

Thymian ist ein tolles Kraut. Es duftet und schmeckt ganz besonders würzig und soll außerdem noch hilfreich gegen Husten sein. Wie gut, wenn die Kinder im Sommer genügend Thymian zum Trocknen geerntet haben. Denn wenn im Herbst und Winter die Erkältungszeit beginnt, gibt es genügend Vorrat, um leckere Hustenkekse zu backen.

Thymianblättchen fein hacken. Butter und Zucker mit dem Handrührgerät gründlich verrühren, Ei und Zitronenschale darunter mengen. Mehl und Backpulver vermischen und mit den Knethaken des Rührgerätes mit dem Teig verkneten. Thymianblättchen dazu geben und mit den Händen noch einmal durchkneten. Eine Stunde im Kühlschrank ruhen lassen. Den gekühlten Teig ausrollen, bei Bedarf noch etwas Mehl unterkneten. Mit Ausstechformen Kekse ausstechen, auf ein Backblech legen und im vorgeheizten Ofen bei 200 °C circa 10 Minuten backen, bis die Kekse eine schöne goldgelbe Farbe haben.

Variante: Lavendelkekse

Die Kekse schmecken auch mit Lavendel lecker. Dazu je nach Geschmack anstatt der Thymianblättchen zwei bis drei Teelöffel getrocknete Lavendelblüten fein hacken und untermischen. Vorsicht: Lavendel hat einen intensiven Geschmack, deshalb zunächst eher zurückhaltend dosieren.

HERBST / WINTER

ZUTATEN

- 190 g Butter
- 80 g Zucker
- 1 Ei
- ½ TL fein geriebene Bio-Zitronenschale
- 350 g Mehl
- ½ TL Backpulver
- 3–4 TL getrocknete Thymianblättchen
- Backblech
- Backpapier oder Butter zum Einfetten
- für die Variante: 2–3 TL getrocknete Lavendelblüten

Was gibt es wann im Wintergarten zu tun?

November / Dezember
Amaryllis **pflanzen**

Januar / Februar
Zimmerpflanzen **umtopfen**

November bis März
Kerne von Zitronen, Mandarinen oder Orangen **einpflanzen**

Winterblühende Pflanzen **entdecken**

bei Frost und Schnee
Vogelfutter im Garten **ausbringen**

Dezember
Blütenzweige am Barbaratag **schneiden** und ins Wasser stellen

Januar – März
Nach ersten Zwiebelblumen **Ausschau halten**

Wintergärtnerei

Verabschiedung in den Winterschlaf

Die Kinder machen einen Rundgang durch den Garten und sammeln die Edelsteine wieder ein, die sie im Sommer ausgelegt haben. Gemeinsam besuchen die Gartenkinder noch einmal die Beete und wünschen den Blumen und Pflanzen, die sich in die Erde zurückgezogen haben, einen guten Winterschlaf. Auch die kahlen Bäume und Sträucher freuen sich, wenn sie mit einem schönen Winterlied oder einem gemeinsamen Tanz in den Winter verabschiedet werden.

Pflanzen, die im Winter blühen

Im Winter haben die Gartenkinder draußen nichts mehr zu tun. Sicher schauen sie aber trotzdem immer wieder einmal nach, was sich im Garten verändert. Vielleicht entdecken sie ja auch in der kalten Jahreszeit ein paar Blüten. Denn sogar bei Kälte und Frost beginnen manche Pflanzen zu blühen. Das ist dann eine ganz besondere Entdeckung, die es verdient, fotografiert oder gemalt und zu einer winterlichen Blütengalerie gestaltet zu werden.

ENDE NOVEMBER / DEZEMBER

DAZU PASST:
Edelsteine für die Schatzkammer, S. 49

Auf einmal sind die Pflanzen weg, S. 84

Welche Pflanzen blühen im Winter?

Christrose: Auch Nieswurz genannt. Die kleine, zierliche Blume blüht um Weihnachten herum, oft schon im November.

Winterjasmin: Wächst wie Vorhänge über Mauerkronen und überschüttet sie den ganzen Winter über mit gelben Blütensternchen.

Winterschneeball: Ein hübscher Strauch, der für erste Farbtupfer zwischen kahlen Zweigen sorgt.

Winterling: Die kleinen gelben Blütenköpfchen, die in Massen unter Bäumen und Sträuchern auftauchen, sind die ersten Farbtupfer im Februar oder März, und zeigen an, dass der Winter bald zu Ende geht.

Warum blühen manche Pflanzen im Winter?

Es gibt Pflanzen, deren Lebensrhythmus eine Blütezeit im Winter vorsieht. Damit sie nicht erfrieren, produzieren sie ein eigenes Frostschutzmittel in ihren Zellen. Sie nutzen den Umstand, dass sie im Winter wenig Konkurrenz mit anderen Blütenpflanzen haben. Denn in der kalten Jahreszeit gibt es kaum Insekten. Die wenigen, die noch unterwegs sind, freuen sich über das Blütenangebot und stürzen sich dankbar darauf. Manche Pflanzen brauchen auch gar keine Insekten zum Bestäuben. Das erledigt der Wind.

Winter

DEZEMBER

Kirschblüten zu Weihnachten

Traditionell schneiden viele Menschen am 4. Dezember, dem Barbaratag, Kirschzweige ab, um sie im Zimmer zum Blühen zu bringen. Dieser Tag Anfang Dezember ist deshalb so günstig, weil es bis dahin meistens schon gefroren hat. Und diesen Frost brauchen die Knospen, damit sie zum Blühen angeregt werden. Im warmen Zimmer beginnen sie auszutreiben und bis Weihnachten ihre Blüten zu öffnen. Dies galt früher als Glückssymbol: Aus der Zahl der Blüten las man den Verlauf des kommenden Jahres ab. Die blühenden Zweige galten auch als Ankündigung der Wintersonnwende und als Wegweiser für das kommende Jahr. Gingen viele Blüten auf, versprachen diese ein reiches Obstjahr, Glück und Segen. Bis heute sind sie ein schönes Zeichen dafür, dass im nächsten Jahr das Leben wieder neu erwacht.

MATERIAL

- Kirschzweige
- Schere
- Vase
- Wasser

Die Kinder schneiden Zweige von Kirschbäumen ab. Dabei achten sie darauf, Zweige mit Blütenknospen zu verwenden. Die unterscheiden sich von Blattknospen darin, dass sie etwas rundlicher aussehen und am Ende von Kurztrieben sitzen. Damit die Knospen auch sicher mit dem Austrieb beginnen, legen die Kinder die frisch geschnittenen Zweige über Nacht in lauwarmes Wasser. Am nächsten Tag stellen sie die Barbarazweige in eine wassergefüllte Vase und beobachten nun täglich, wie sich die Knospen verändern. Alle zwei bis drei Tage wechseln sie das Wasser, sonst ist das blumige Vergnügen durch ein weniger gut riechendes Wasser getrübt. Bis Weihnachten werden sich die Blüten bestimmt öffnen.

Tipps: ❃ Zweige von Apfel, Zwetschge, Birne, Kastanie, Birke, Forsythie oder Kornelkirsche eignen sich ebenso. ❃ Die Zweige können auch im Januar und Februar geschnitten werden, um im Winter frischen Blütenduft und Farbe ins Zimmer zu holen.

Warum heißen die Zweige Barbarazweige?

Am 4. Dezember wird im Kirchenjahr der Heiligen Barbara gedacht. Der Legende nach soll sie um 300 nach Christus gelebt haben und Tochter einer Kaufmannsfamilie aus Nikomedia gewesen sein. Als Barbara sich den Heiratsplänen ihres Vaters widersetzte und zum Christentum übertrat, ließ sie ihr Vater ins Gefängnis werfen und zum Tode verurteilen. Auf dem Weg in die Gefangenschaft verfing sich ein Kirschzweig in ihrem Gewand. Barbara versorgte ihn in ihrem Gefängnis mit ihrem Trinkwasser und der Zweig begann auszutreiben und am Tag ihrer Hinrichtung zu blühen.

… Wintergärtnerei

Der Ritterstern im Blumentopf

Die Gartenkinder gärtnern nicht nur draußen in den Beeten, sondern auch auf der Fensterbank. Mit dem Ritterstern, der auch als Amaryllis bekannt ist, ziehen die Kinder innerhalb kurzer Zeit aus einer großen braunen Zwiebel eine zauberhafte, beeindruckende Blüte heran. Das dauert insgesamt ungefähr fünf bis acht Wochen, und während dieser Zeit verändert sich die Pflanze fast von Tag zu Tag.

Vorbereitung: Die Kinder füllen etwas Wasser auf einen flachen Teller und legen die Zwiebel mit der Unterseite darauf. Wo oben und unten ist, erkennen sie daran, dass der Boden der Zwiebel flacher ist, und die Wurzeln wie kleine, trockene Würmchen daran kleben. Die Zwiebel bleibt über Nacht auf dem Teller stehen. So quellen die trockenen Wurzeln auf, und das verhilft der Zwiebel zu einem besseren Start.

Am nächsten Tag füllen die Kinder den Blumentopf bis einige Zentimeter unter den Rand mit Erde. Darauf setzen sie die Zwiebel und füllen so viel Erde auf, dass das obere Drittel der Zwiebel unbedeckt bleibt. Die Kinder gießen vorsichtig an und füllen erst wieder Wasser nach, wenn die oberste Erdschicht trocken ist. Bald werden sich grüne Spitzen zeigen, die sich Tag für Tag weiter herausschieben. Daraus entwickeln sich der Stiel, die Blätter und die Blütenknospe. Die Zwiebel braucht nun auch mehr Wasser. Die Kinder kontrollieren jeden Morgen, ob sie nachgießen müssen.

Schon bald beobachten die Kinder, wie der Stiel länger und dicker wird und die Blätter ihn ein Stück auf seinem Weg nach oben begleiten. Gleichzeitig schwillt an seinem oberen Ende die Knospe von Tag zu Tag stärker an. Wenn sie endlich aufplatzt, öffnen sich nach und nach riesige Blüten. Mit etwas Glück bilden sich sogar mehrere Knospen. Dann dauert die winterliche Blütenpracht noch etwas länger.

Tipps: ❀ Die Kinder messen den Zuwachs regelmäßig mit einem Maßband und tragen die Entwicklung auf einem Blatt ein. ❀ Nach der Blüte den Stiel einfach abschneiden und weiter gießen und etwas düngen. Im Sommer kann die Pflanze auch draußen stehen. Ab September braucht der Ritterstern eine Pause von sechs bis acht Wochen. Er bekommt kein Wasser mehr, die Blätter trocknen ein und er zieht an einen kühlen, dunklen Ort – zum Beispiel in den Keller – um. Ab November kann er dann wieder eingepflanzt werden und das Phänomen beginnt von neuem.

NOVEMBER BIS FEBRUAR

MATERIAL

- Amarylliszwiebel
- flacher Teller
- Wasser
- Blumentopf mit etwas größerem Durchmesser als die Zwiebel
- Blumenerde

Winter

Pflanzen aus Kernen

NOVEMBER BIS MÄRZ

MATERIAL
- Kerne von Zitrusfrüchten
- Sieb
- kleine bis mittelgroße Blumentöpfe
- Gießkanne oder Blumenbrause
- Blumenerde
- Klarsichtfolie
- Haushaltsgummi

DAZU PASST:

Jungpflanzen machen einen schnellen Start, S. 24

Leuchtende Mandarinen, S. 94

Im Herbst und Winter schmecken saftige Orangen und süße Mandarinen ganz besonders gut. Und gesund sind sie auch noch, denn sie enthalten viel Vitamin C. Manchmal stecken im Fruchtfleisch Kerne. „Igitt, bloß nicht drauf beißen!", denken die meisten. Aber die Gartenkinder freuen sich, denn aus den Kernen ziehen sie wieder neue Pflanzen.

Die Kinder spülen die Kerne in einem Sieb ab und befreien sie von restlichem Fruchtfleisch. Sie füllen die Blumentöpfe mit Erde und bohren mit dem Finger jeweils drei bis vier Löcher in die Erde, die ungefähr einen Zentimeter tief sind. In die legen sie die Kerne hinein, bedecken sie vorsichtig mit Erde, gießen behutsam an und spannen ein Stück Klarsichtfolie über den Topfrand. Mit etwas Glück beginnen die Kerne dann an einem hellen, sonnigen Platz auf der Fensterbank zu keimen und es zeigen sich bald die ersten zarten Pflänzchen. Von da an kann die Folie wieder weg, aber die Wintergartenkinder dürfen nun nicht mehr vergessen, zu gießen. Sobald die Pflanzen größer geworden sind, braucht jede einen eigenen Blumentopf.

Bei guter Pflege können die Kinder zusehen, wie sich ein richtiges kleines Orangen- Mandarinen- oder Zitronenbäumchen entwickelt. Im Sommer kann es draußen stehen, im Winter braucht es einen Raum, in dem es kühl und hell ist.

Ein Garten voller Mandarinenbäume?

Zitrusfrüchte können nur von Mai bis Oktober im Freien bleiben, im Winter müssen sie nach drinnen in einen frostfreien, hellen Raum umziehen. Im sonnigen Süden sind die Winter viel milder, die Temperaturen sinken nicht so tief und der Sommer dauert viel länger. So können Zitronen-, Orangen-, Bananen-, Feigenpflanzen und viele andere dort das ganze Jahr über im Freien wachsen und sich zu richtigen Bäumen entwickeln.

Ein Weihnachtsgeschenk für den Garten

DEZEMBER

Im Dezember ist es draußen meistens trist. Wer aber ganz genau hinschaut, entdeckt noch viele Schätze, die ihre Besonderheiten manchmal erst auf den zweiten Blick preisgeben. Zweige und Äste mit schönem Muster, Moos, das frischgrün schimmert, vergessene Schneckenhäuser, glänzend braune Haselnüsse auf dem Boden, silbrig-grüne Flechten an Sträuchern, Fruchtkapseln von Buchen, die wie zottelige Zwergenhüte aussehen und vieles, vieles mehr. Wenn der Schnee allzu lange auf sich warten lässt, verzaubern die Kinder eben damit den Garten.

Die Kinder machen sich mit Körbchen oder Papiertüte ausgerüstet in den Garten oder einen gemeinsamen Spaziergang auf. Die Spielleitung bittet, solche Dinge zu sammeln, die eine besondere Form oder Farbe haben, oder die den Kindern gut gefallen. Natürlich sammeln alle nur lose Gegenstände auf, Zweige oder Pflanzen reißen Gartenkinder ja nicht ab. Wenn möglich holen die Kinder mit Hilfe der Spielleitung auch vier größere Zweige, die sie an einer schönen Stelle im Garten zu einem Rahmen legen. Gemeinsam sichten alle ihre Fundstücke und besprechen die Eigenschaften und den Fundort. Aus all den Schätzen legen die Kinder in den Rahmen ein Bild für den Garten. Dies wird sich in Wind und Wetter täglich verändern: Manches holt sich der Garten wieder zurück, anderes bringen Vögel und kleine Tiere durcheinander und so mancher Schatz bleibt bis zum Frühling liegen.

Tipps: ❉ Wenn keine Zweige für den Rahmen zu finden sind, legen die Kinder aus Moos, Steinen oder anderen Funden eine Begrenzung. ❉ Die Aktion eignet sich für das ganze Jahr. Der Winter ist aber besonders gut dazu geeignet, den Blick für die Kostbarkeiten zu schärfen.

Variante für größere Kinder

Die Spielleitung verteilt vorher im Gelände einige Gegenstände, die dort nicht hingehören, z. B. Muscheln, bunte Federn o. Ä. und bespricht mit den Kindern, ob diese Dinge tatsächlich aus dem Garten stammen könnten oder nicht.

MATERIAL

- Körbchen oder Papiertüte
- Beliebige Fundstücke von draußen
- 4 stärkere Zweige

Winter

Wohlfühltag für Zimmerpflanzen

JANUAR / FEBRUAR

In der kalten Jahreszeit haben die Wintergartenkinder mehr Zeit, sich um die Zimmerpflanzen zu kümmern. Denn auch die freuen sich, wenn sie ein bisschen Aufmerksamkeit bekommen. Die meisten von ihnen stammen aus tropischen Gegenden, wo die Luft warm und feucht ist. Das Klima in den Räumen tut ihnen da oft weniger gut, besonders im Winter, wenn die Sonne nicht so hell und lange scheint und die Luft in den Räumen trocken ist. Damit sich die Zimmerpflanzen wohl fühlen, brauchen sie einen ausreichend großen Blumentopf. Denn nur so können sich die Wurzeln gut entwickeln und genügend Wasser und Nährstoffe aufnehmen. Wenn der Topf zu klein geworden ist, wird es Zeit zum Umtopfen.

MATERIAL

- Blumentöpfe, eine Nummer größer als die bestehenden
- Blumenerde
- Gießkanne
- Wasser

Die Kinder fassen die Pflanze, die umgetopft werden soll, knapp über der Erde und ziehen sie langsam heraus. Wenn die Wurzeln zu fest sitzen, drehen sie den Topf um und klopfen mit der Hand etwas auf die Unterseite, dann lösen sie sich leichter. In manchen hartnäckig festsitzenden Fällen helfen große Hände und schlagen den umgedrehten Blumentopf mit dem Rand sachte auf die Tischkante. Dann lässt sich die Pflanze besser herausziehen.

In das neue Gefäß füllen die Kinder etwas frische Erde ein und setzen die Pflanze darauf. An den Rändern lassen sie rundum so viel frische Blumenerde einrieseln, bis der Topf gefüllt ist, und drücken sie vorsichtig fest. Dabei achten sie darauf, möglichst wenig davon auf die Pflanze zu bringen, sondern nur in das Gefäß. Damit das Wasser beim Gießen nicht ausläuft, machen die Kinder mit den Händen eine kleine Mulde in die Erde zwischen der Pflanze und dem Topfrand, einen „Gießrand". Zum Schluss befreien die Kinder die Blätter der Pflanze von Staub und gelben Blättern, füllen die Gießkanne mit Wasser und gießen die umgetopften Pflanzen vorsichtig an.

Tipp: Das gute Gedeihen der Pflanzen hängt entscheidend von der Erde ab. Deshalb nur hochwertige Erden verwenden. Sie sind strukturstabil, haben ein optimales Wasserhaltevermögen und eine ausgewogene Zusammensetzung an Nährstoffen. Am besten torffreie Produkte verwenden.

Was gibt es sonst noch zu tun?

Auch die Pflanzen, die nicht umgetopft werden, freuen sich über ein bisschen Pflege. Dafür befreien die Kinder die Blätter mit einem feuchten Lappen von Staub. Um ein möglichst angenehmes Klima zu schaffen, tut es den Pflanzen ganz gut, wenn sie ab und zu mit etwas Wasser aus einem Zerstäuber besprüht werden. Das erhöht die Luftfeuchtigkeit, und verschafft eine angenehme Umgebung. Nur Pflanzen mit weichen, haarigen Blättern schätzen diese Behandlung weniger.

Gießkalender gegen nasse Füße

Auch das Gießen ist so eine Sache. Manche Pflanzen brauchen mehr, andere weniger Wasser. Eines vertragen aber alle nicht: Nasse Füße. Deshalb darf restliches Gießwasser nicht zu lange im Untersetzer stehen bleiben. Alles, was die Pflanze nach einer halben Stunde nicht aufgenommen hat, ist zu viel. Auch ein Vergessen verzeihen die Pflanzen hin und wieder einmal. Die meisten Zimmerpflanzen nehmen es nur übel, wenn einmal zu viel und dann wieder zu wenig gegossen wird. Am besten vertragen sie es, regelmäßig gleich viel Wasser zu bekommen. Darauf können sie sich einstellen. Die Gartenkinder malen oder basteln deshalb einen Gießkalender, dann kann nichts schiefgehen.

Damit die Pflanzen gut mit Nährstoffen versorgt sind, bekommen sie außerdem regelmäßig etwas Blumendünger. Mit Düngestäbchen sind sie optimal für längere Zeit versorgt.

Wintergäste im Garten

Still ist es geworden im winterlichen Garten. Nur wenige Tiere sind jetzt noch unterwegs. Und selbst die sind kaum zu sehen, sondern hinterlassen meist nur ein paar Spuren. Wenn es draußen so richtig matschig ist oder sogar Schnee liegt, ist es schon leichter, zu erkennen, wer da unterwegs war. Dann werden die Kinder zu Detektiven, die aus den Spuren Geheimnisse und Geschichten herauslesen können.

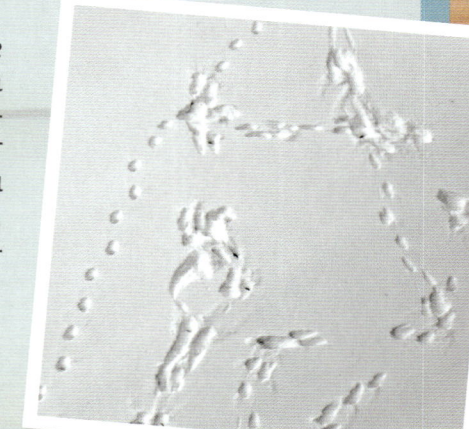

Auf Spurensuche in Matsch und Schnee

Wer war das?

Weil die Tiere ihren Unterschlupf im Winter nur zur Futtersuche verlassen, können die Kinder an den Spuren entdecken, wo sich die Tiere aufhalten. Auch die Richtung, aus der die Tiere kommen, können sie ablesen. Im Schnee oder im ganz weichen Matsch erkennen die Spurenleser sogar das Tempo der Tiere. Je weiter die Abdrücke auseinander liegen, desto schneller war das Tier unterwegs. Allerdings folgen ihnen die Spurensucher nicht ganz bis zum Unterschlupf, der vielleicht unter Sträuchern oder in der Hecke liegt, um sie keinesfalls zu stören.

Manchmal sind neben den zarten Abdrücken von Vögeln auch die Spuren von Katzenpfoten zu erkennen. Dann könnte es dort für die gefiederten Freunde gefährlich geworden sein.

Ob ein Hase zu Besuch im Garten war, ist besonders gut im Schnee zu erkennen. Er hinterlässt ein Spurenmuster, das wie ein Gesicht aussieht.

Wenn bei der Spurensuche im Schnee kleine zarte Abdrücke mit einem Strich in der Mitte auftauchen, dann war eine Maus unterwegs. Der Strich in der Mitte stammt von ihrem Mäuseschwanz.

Rund um die Vogelfutterstelle sind natürlich viele Vogelspuren zu entdecken. Geübte Augen erkennen die Größenunterschiede zwischen großen Vögeln wie Tauben oder Krähen und kleinen wie Meisen, Rotkehlchen oder Amseln.

Vogelfutter aus dem Blumentopf

Wenn der Boden gefroren ist oder Schnee liegt, wird es für die Vögel schwieriger, an Nahrung zu kommen. Dann helfen die Kinder mit Vogelfutter aus. Sonnenblumenkerne und Nüsse stehen hoch im Kurs bei den Vögeln. Auch gibt es fertige Mischungen zu kaufen, die auf die verschiedenen Vorlieben der gefiederten Freunde abgestimmt sind. Statt das Futter in ein Vogelhäuschen zu streuen, basteln die Kinder ihre eigenen Futterstationen, die sie in die Bäume im Garten hängen.

Bitte beachten: 2 – 3 Stunden Kühlzeit einplanen

Die Spielleitung schmilzt das Fett in einem Topf auf dem Herd. (Achtung: Nicht zu heiß werden lassen, Rindertalg riecht dann unangenehm!) Die Kinder schütten das Vogelfutter vorsichtig in das geschmolzene Fett, vermischen alles gründlich und lassen die Masse etwas abkühlen. Für den Futterbehälter binden sie die Schnur an das Ende des Zweiges und ziehen sie von innen durch den Blumentopf. Das obere Zweigende verschließt nun das Loch im Topf (bei Bedarf kann das Loch zusätzlich mit Knetmasse verschlossen werden), das untere ragt ungefähr zehn Zentimeter heraus. Die Kordel, die oben aus dem Loch herausschaut, wird später zum Aufhänger. Bevor die Masse fest wird, füllen die Kinder die Mischung mit Hilfe der Spielleitung in den Blumentopf und lassen sie einige Stunden lang hart werden. Anschließend hängen die Kinder den Futtertopf mit der Schnur kopfüber draußen an einem Baum oder Strauch auf. Am besten ist ein Platz, an dem die Kinder die Vögel von drinnen gut beobachten können.

Variante: Vogelfutter mit Herz

Statt in einen Blumentopf gießen die Kinder die Mischung in Ausstechförmchen, die sie auf Alufolie ausgebreitet haben. Wenn die Masse kalt und fest geworden ist, lösen sie die Förmchen und ziehen sie mit einer dicken Nadel eine Schnur zum Aufhängen durch die Figuren. Am besten verwenden die Kinder etwas größere Formen, die Leckerbissen lassen sich besser in die Bäume hängen, den Vögeln fällt das Landen darauf leichter und das Futtervergnügen hält ein bisschen länger.

MATERIAL

- 150 g Vogelfuttermischung oder Sonnenblumenkerne
- 100 bis 150 g Kokosfett, alternativ Rindertalg ungesalzen (vom Metzger)
- Blumentopf ungefähr 10 cm Durchmesser, mit Loch
- Zweig, etwa 10 cm länger als der Blumentopf
- Schnur
- Kochtopf
- Herd

DAZU PASST:

Zapfen voller Leckerbissen, S. 106

Winter

Zapfen voller Leckerbissen

WINTER

Kein Vogelhaus zur Hand? Dafür gibt es aber vielleicht ein paar große Zapfen, am besten die von Kiefernbäumen. Denn die sind wunderbare Vogelfutterbehälter. Gefüllt mit Nüssen sind sie eine perfekte Imbissbude für Vögel. Und nebenbei eine ganz besondere Dekoration im winterlichen Garten.

MATERIAL

- möglichst große Zapfen von Kiefern
- Schnur
- Nüsse
- kleine Schüssel
- Nussknacker

Die Kinder schneiden Schnüre in unterschiedlichen Längen zurecht und knoten sie am oberen Ende der Zapfen fest. Das geht sehr gut, wenn die Schnur fest zwischen die Zapfenschuppen gewickelt wird. Für die leckere Vogelfutter-Füllung befreien die Kinder die Nüsse mit dem Nussknacker oder - wenn die Aktion gleich ganz im Freien stattfindet – mit einem Stein von den Schalen und füllen die Nussstückchen zunächst in die Schüssel. Draußen im Garten wählen die Kinder Sträucher oder Bäume aus und binden die Schnüre mit den Zapfen in die Zweige. Zwischen die Schuppen der Zapfen stecken sie die Nussstückchen. Schon bald werden sich die Vögel an dieser hübschen Leckerei bedienen, so dass die Kinder nach ein paar Tagen immer wieder nachfüllen können.

Variante:
Die Zapfen können vor dem Aufhängen auch mit der Vogelfutter-Fett-Mischung bestrichen oder befüllt werden.

DAZU PASST:

Vogelfutter aus dem Blumentopf, S. 105

Flitzende Nussmäuse, S. 76

Zapfen sind Wetterfrösche, S. 91

Anhang

Die Autorin

Bärbel Faschingbauer, Jahrgang 1968, Diplom-Ingenieurin der Landespflege und Fachjournalistin, lebt mit ihrer Familie in Nordbayern. Sie arbeitet freiberuflich auf verschiedenen Gebieten der Gartenkultur und schreibt darüber für Fachzeitschriften, Bücher und alle Arten von Kommunikationsmedien.

Ein besonderes Anliegen ist ihr die gartenpädagogische Arbeit mit Kindern und Erwachsenen, in der die Spannung, Überraschung und Neugierde nie ausgehen. Ihre Erfahrungen damit gibt sie in Seminaren und Veröffentlichungen für verschiedene Institutionen weiter.

Anhang

Wer verträgt sich mit wem? Und mit wem nicht?

	GUTE FREUNDE	VERTRAGEN SICH NICHT MIT:
BUSCHBOHNEN	Bohnenkraut, Gurken, Kohlrabi, Kopfsalat, Radieschen, Sellerie, Tomaten	Erbsen, Lauch, Zwiebeln
DILL	Kohlrabi, Lauch, Pflücksalat	
ERBSEN	Gurken, Karotten, Kohlrabi, Kopfsalat, Radieschen,	Tomaten, Lauch, Zwiebeln
GURKEN	Dill, Kohlrabi, Kopfsalat, Sellerie, Zwiebeln	Radieschen, Tomaten
KAROTTE	Dill, Erbsen, Kopfsalat, Lauch, Radieschen, Tomaten, Zwiebeln	Rote Bete
KOHLRABI/KOHL	Kopfsalat, Lauch, Pflücksalat, Radieschen, Tomaten	Zwiebeln, Kartoffeln
KOPFSALAT	Gurken, Erbsen, Erdbeeren, Dill, Kohlrabi, Lauch, Radieschen, Tomaten	Petersilie, Sellerie
LAUCH	Erdbeeren, Karotten, Kohlrabi, Kopfsalat, Tomaten	Erbsen, Rote Bete
RADIESCHEN	Buschbohnen, Erbsen, Petersilie, Pflücksalat, Tomaten	Gurken
TOMATEN	Karotten, Kohlrabi/Kohl, Kopfsalat, Pflücksalat, Petersilie, Radieschen, Sellerie	Erbsen, Gurken, Kartoffeln
ZUCCHINI	Zwiebeln	Bohnen, Erbsen, Kohlrabi/Kohl

Anhang

Aussäen und pflanzen

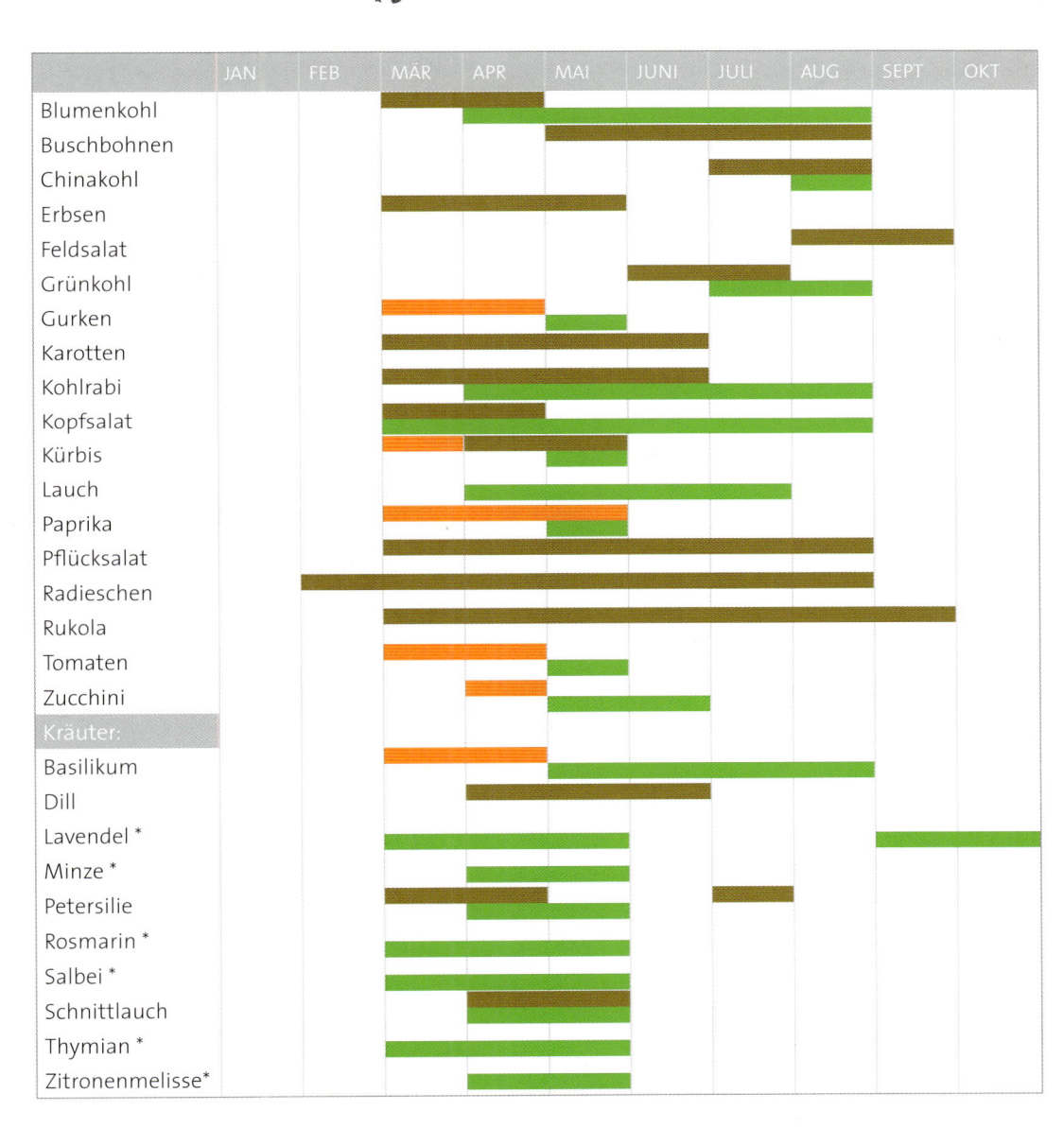

	JAN	FEB	MÄR	APR	MAI	JUNI	JULI	AUG	SEPT	OKT
Blumenkohl				▓▓	▓▓▓▓▓▓▓▓▓▓▓▓					
Buschbohnen					▓▓▓▓▓▓▓▓▓▓▓▓▓					
Chinakohl							▓▓▓▓▓▓▓▓			
Erbsen			▓▓▓▓▓▓▓▓▓▓							
Feldsalat								▓▓▓▓▓▓▓▓		
Grünkohl						▓▓▓▓▓▓▓▓				
Gurken			▓▓▓▓		▓▓					
Karotten				▓▓▓▓▓▓▓▓▓▓▓▓						
Kohlrabi				▓▓▓▓▓▓▓▓▓▓▓▓▓▓▓▓▓▓						
Kopfsalat				▓▓▓▓▓▓▓▓▓▓▓▓▓▓▓▓						
Kürbis			▓▓▓▓		▓▓					
Lauch					▓▓▓▓▓▓▓▓▓▓▓▓					
Paprika			▓▓▓▓▓▓▓▓▓▓		▓▓					
Pflücksalat				▓▓▓▓▓▓▓▓▓▓▓▓▓▓▓▓▓▓						
Radieschen		▓▓▓▓▓▓▓▓▓▓▓▓▓▓▓▓▓▓▓▓▓▓▓▓▓▓▓								
Rukola				▓▓▓▓▓▓▓▓▓▓▓▓▓▓▓▓▓▓▓▓						
Tomaten			▓▓▓▓▓▓▓▓▓▓		▓▓					
Zucchini				▓▓▓▓	▓▓					
Kräuter:										
Basilikum			▓▓▓▓▓▓▓▓▓▓		▓▓▓▓▓▓▓▓					
Dill					▓▓▓▓▓▓▓▓▓					
Lavendel*				▓▓▓▓▓▓▓▓▓▓▓▓				▓▓▓▓▓▓▓▓		
Minze*				▓▓▓▓ ▓▓▓▓			▓▓▓▓			
Petersilie				▓▓▓▓▓▓▓▓▓▓▓▓						
Rosmarin*				▓▓▓▓▓▓						
Salbei*				▓▓▓▓▓▓						
Schnittlauch				▓▓▓▓▓▓▓▓						
Thymian*				▓▓▓▓						
Zitronenmelisse*				▓▓▓▓						

*= mehrjährige Pflanzen

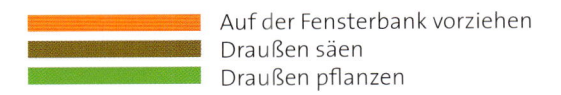

- 🟧 Auf der Fensterbank vorziehen
- 🟫 Draußen säen
- 🟩 Draußen pflanzen

Register

Ach du Vogel-Schreck 52
Äpfel, die zaubern können 92
Auf einmal sind die Pflanzen weg 84
Aus Pflanzen werden Farben 46

Bauanleitung für ein Hochbeet 21
Blättermemory 72
Blätter pressen 70
Blätter wie gedruckt 73
Blumentattoos 44
Blumentöpfe für alle Fälle 12

Das Gartenwerkzeug macht Ferien 85
Da sind die Blüten platt 41
Das Innenleben der Früchte 66
Den Frühling aufwecken 8
Der Abdruck verrät den Baum 90
Der Ritterstern im Blumentopf 99
Die Blume der Woche 40
Die schleimige Schneckenstraße 63
Duftdetektive 54
Duftende Bratäpfel 92
Duftwolken aus Lavendel 57
Durstige Vögel 63

Edelsteine für die Schatzkammer 49
Ein Beet für die Frühlingsgärtnerei 19
Eine gemütliche Igelstube 87
Ein eigenes Zuhause für jede Pflanze 27
Eine warme Laubdecke für die Beete 85
Eine Wohnung für Ohrwürmer 13
Ein Mohntheater aus dem Beet 44
Ein Osternest, das wächst 18
Ein tanzender Blättervorhang 70
Ein Weihnachtsgeschenk für den Garten 101
Ein Zelt aus Blumen 30
Eiskalte Blumenerfrischung 40
Erdbeeren meterweise abzugeben 59

Erdbeeren pflanzen 58
Fantastische Blätterwesen 71
Fliegende Samenkugeln für wildes Gärtnern 34
Flitzende Nussmäuse 76
Frühlingsboten im Herbst 80
Fühlpfad to go 15

Gärtner machen keine Pause 60
Gärtnern in der Kiste 28
Gespickte Zitrusfrüchte 93
Geteilte Sonnenfreude 83
Gruselige Matschgeister 75

Hagebutten – der Schmuck aus Rosen 74
Heiße Erfrischung aus dem Kräutergarten 55
Holundertinte 67
Hustenkekse aus dem Garten 95
Hyazinthen im Glas 82

Jungpflanzen machen einen schnellen Start 24

Kasten für Pflücksalat 30
Kirschblüten zu Weihnachten 98
Kleines Samenkorn – große Ernte 23
Klingende Blumentöpfe 14
Kräuter – ganz schön gesalzen 56
Kräuter trocknen 56
Kürbisknabberei 68

Lachende Bäume 69
Leuchtende Mandarinen 94
Luftige Blätter-Drachen 71

Marienkäfer bringen Glück 37
Mit Kresse malen und schreiben 17
Mottenschrecksäckchen 57

Register

Pflanzen aus Kernen 100
Pflanzen, die im Winter blühen 97
Pflanzen haben Durst 51
Pinsel vom Wegrand 47

Ran an die Beete 22
Rapunzel schmeckt im Herbst 83
Rindenschiff ahoi 48

Salat für den Winter aussäen 59
Samenkörner kommen in
die Tüte 78
Schatzkisten für Gartenschätze 35
Schlafsäckchen für Samenkörner 79
Schmuckes von der Wiese 9
Schmuddelecken zu
Schatzkammern 32
So laufen Regenwürmer 37
Sommer auf der Fensterbank 26
Sonnenkränze mit Magie 45

Tomatenketchup pflanzen 29

Ungeliebte Unkräuter 52

Verabschiedung in den Winterschlaf 97
Vogelfutter aus dem Blumentopf 105

Wassertest 51
Weihnachtskarten aus der
Schatzkammer 95
Wer bin ich? 61
Wildes Picknick – so schmeckt
Frühling 10
Wohlfühltag für Zimmerpflanzen 102

Zapfen sind Wetterfrösche 91
Zapfen voller Leckerbissen 106
Zauberhafter Glücksbringer 42
Zauberstäbe vom Wegrand 42

Bildnachweise

Fotos: © Bärbel Faschingbauer; Seite 4: © iStock – Romrodinka; Seite 6: © morguefile.com – anitapeppers; Seite 11 und folgende Infoseiten:© morguefile.com – chamomile; S. 64: © morguefile.com – pippalou; S. 85: © morguefile.com – krosseel; Seite 88: © morguefile.com – GospelMessage; S. 103: © pixelio.de – Corinna Dumat, S. 107: privat

ökotopia

Antje und Burkhard Neumann
WASSERFÜHLUNGEN
Das ganze Jahr Naturerlebnisse an Bach und Tümpel – Naturführungen, Aktivitäten und Geschichtenbuch.
ISBN 978-3-936286-13-7

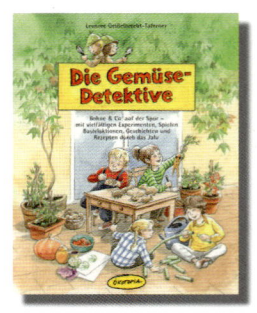

Leonore Geißelbrecht-Taferner
DIE GEMÜSE-DETEKTIVE
Bohne & Co auf der Spur – mit vielfältigen Experimenten, Spielen, Bastelaktionen, Geschichten und Rezepten durch das Jahr.
ISBN 978-3-86702-015-2

Friedrich Soretz
BUNT IS(S)T GESUND!
Ernährungspädagogische Spiele und Aktionen durchs ganze Jahr.
ISBN 978-3-86702-224-8

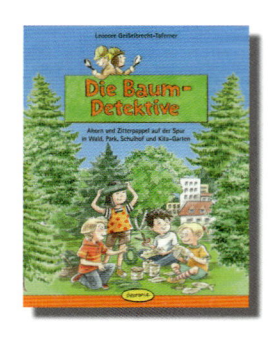

Leonore Geißelbrecht-Taferner
DIE BAUM-DETEKTIVE
Ahorn und Zitterpappel auf der Spur in Wald, Park, Schulhof & Kita-Garten.
ISBN 978-3-86702-291-0

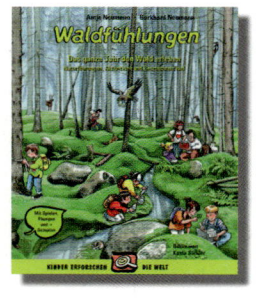

Antje und Burkhard Neumann
WALDFÜHLUNGEN
Das ganze Jahr den Wald erleben – Naturführungen, Aktivitäten und Geschichtenfibel.
ISBN 978-3-931902-42-1

Leonore Geißelbrecht-Taferner
DIE KRÄUTER-DETEKTIVE
Von Brennnessel bis Zitronenmelisse den Kinderkräutern auf der Spur – mit vielfältigen Experimenten, Spielen, Bastelaktionen, Geschichten und Rezepten durch das Jahr.
ISBN 978-3-86702-079-4

Kathrin Saudhoff, Birgitta Stumpf
MIT KINDERN IN DEN WALD
Wald-Erlebnis-Handbuch
Planung, Organisation und Gestaltung
ISBN 978-3-931902-25-4

Leonore Geißelbrecht-Taferner
DIE FRÜCHTE-DETEKTIVE
Frechen Früchtchen auf der Spur – mit vielfältigen Experimenten, Spielen, Bastelaktionen, Geschichten und Rezepten durch das Jahr.
ISBN 978-3-86702-170-8

Bleiben Sie in Kontakt

www.oekotopia-verlag.de